_______________ 님께

마음의 소원이 이뤄지길

간절히 기도하면서

이 책을 드립니다.

고딩, 화이팅!

나침반

어느 통계에 의하면 최근 5년 사이 교회 학교 중 · 고등부 학생 출석이 30% 이상 줄었다고 합니다. 여러가지 원인이 있겠지만, 공부(성적) 때문에 교회 출석을 어려워 한다고 합니다.

그렇다면… 그렇지 않다는 것을, 교회출석하면서도, 믿음을 지키면서도, 얼마든지 성적을 올릴 수 있음을 보여주고 싶었는데… 하나님께서 지혜를 주셔서… 이 책을 발행하게 됐습니다.

내용은 학생들이 쉽게 다가갈 수 있도록 구어체 중심으로 정리했습니다. 간혹 문법상 맞지 않더라도 목적이 있음을 이해해 주십시오.

이 책을 만들기까지 여러가지로 수고와 친절을 베풀어준 서울대학교 CCC의 김수봉 선교사님과 학생들에게 특별한 감사를 드립니다.

이 책이 글로벌 리더를 꿈꾸는 십대 크리스천과 그의 부모님들에게 주님이 주시는 희망이 되길 기도합니다.

Contents

01
최고를 꿈 꾸십시오!

이진현
서울대학교 사회과학대학
사회학계열 1학년

서울대 하면 제일 최고니까요.

중학교 2, 3학년 때 들은 말인데 "언제나 최고를 꿈꿔라! 그러면 2등은 할 수 있다"라고해서 서울대를 목표로 잡으면 연·고대는 갈 수 있을 거라고 생각 했어요.

그런데 저는 고등학교를 1학년때 자퇴 했습니다.

그때 비젼은 심리학과를 가는 거였는데, 범죄 심리학쪽으로 생각을 했어요. 그리고 제가 알아보니까 범죄심리학을 잘하는 교수님이 서울대에 있대요.

범죄 심리학 같은 경우엔 과학 쪽에 있잖아요.

다른 학교는 범죄심리학과가 인문대에 있어요.

그런데 서울대는 사회과학대학에 있거든요.

그래서 서울대에 오게 됐습니다.

대개 애매하게 준비했었어요.

내신도 신경쓰고 뭐도 해야 되잖아요.

근데 아버지가 고등학교 선생님이시거든요.

서울대를 보내본 경험도 있으니까 어떻게 해야 가는지 잘 아세요.

그래서 수능 준비하는 1년 동안 특히 아버지가 많이 조언 해주셨어요. 봉사활동도 하고 텝스 준비도 따로 하고… 그러니까 고등학교 그만두고 나서부터 계속 서울대 목표로 준비했습니다.

잠이 많아요. 진짜 많아요.

지금도 잠이 많아서 하루에 8시간은 자야 됩니다.

저는 밤을 새 본 적이 한번도 없어요. 잠이 너무 많아서 늦게 일어나는 거예요.

자퇴해서 학교를 안 가다 보니까 더 심해요.

일찍 일어났으면 좀 더 안정적이고 더 체계적으로, 아침형 인간이었을 텐데… 하는 아쉬움이 남아요.

그리고 잘 한건지 못 한건지는 모르겠지만 저는 학원을 안 갔어요.

학원 갔으면 학원에서 배울 수 있는게 있잖아요. 그런데 스킬 같은 것을 못 배워서 특히 수학공부 하는데 고생 했어요.

그거 하나 붙잡고 2~3개월 하다보니까 다른 과목은 막 떨어지고 다른 과목 올리면 또 떨어졌어요.

도움도 받고 그래야 되는데 너무 무식하게 공부했습니다.

자존심이 쓸 데 없이 쎄가지고 아우~

제일 힘든거는 아무래도 모든 수험생들이 그러겠지만 성적이 안오르고 오르는게 안보이니까 고생 했어요.

진짜 오르는건 안보이는데 떨어지는건 눈에 확확 띄잖아요.

애써 좀 올려 놓으면 확 떨어지고 그러면 올리기 힘들고… 그거 때문에 고생하고 대개 스트레스를 받았어요.

그럴때 저는 음악을 무지 좋아해서 음악을 많이 듣기도 하고 피아노랑 기타랑 악기 연주를 하고 그다음 또 적절한 시기에 주시는 하나님의 말씀으로 힘을 얻었어요.

구체적으로 수능 15일 앞두고 모의고사를 푸는데 모의고사 점수가 너무 안 나오는거예요.

수리가 70에 언어80 나오니까 제 기준에 만점과는 갭이 있잖아요.

이거 가지고 안 되겠다고 생각했어요.

그런데 주위에서는 "너는 계속 학교에 다녔으면 내신으로 서울대에 갈 앤데 왜 나와 가지고 그 고생을 하냐"는 말 듣는게 좀 그랬어요.

혼자 막 스트레스 받았어요.

그때 밤에 자기전에 큐티했는데, 사도행전 27장을 읽게 되었어요.

바울이 죄수의 몸으로 배를 타고 로마로 가는데 광풍이 불어서 배가 흔들리고 사람들이 죽을 위기에 처해요.

그때 바울이 이렇게 외쳐요.

"내가 너희를 권하노니 이제는 안심하라 너희 중 아무도 생명에는 아무런 손상이 없겠고 오직 배뿐이리라 내가 속한 바 곧 내가 섬기는 하나님의 사자가 어제 밤에 내 곁에 서서 말하되 바울아 두려워하지 말라 네가 가이사 앞에 서야 하겠고 또 하나님께서 너와 함께 항해하는 자를 다 네게 주셨다 하였으니 그러므로 여러분이여 안심하라 나는 내게 말씀하신 그대로 되리라고 하나님을 믿노라"(사도행전 27:22~25).

그리고 로마로 가야된다는 말은 바울이 어떻게든 가이사 앞에 서야되지 않겠느냐는 하나님의 말씀이었는데 바울은 "하나님이 그렇게 말씀하셨으니까 안심하라 그리고 나는 그런 하나님을 믿는다" 라고 말하는 거예요.

그래서 그때 굉장히 기도했어요.

'아~ 내가 어떻든 간에 주님이 나를 보내시겠구나'라는 확신이 있었어요.

그때도 조금 그런건 있었어요.

예를 들어 서울대를 가야 되는게 인간의 욕심이면 아무리 내가 가려고 바둥바둥 해봤자 하나님이 안 보내시잖아요.

그래서 "하나님 제가 열심히는 하겠습니다만 하나님이 보내고 싶은데로 보내세요"라고 기도했는데 "어떻게든 하나님이 나를 보내시겠구나"라는 생각이 들었어요.

굉장한 힘을 얻었어요.

밤인데 큐티를 할때 하나님이 이런 말씀을 주시니까, 너무 적합한 말씀을 주시니까 힘이 나죠.

고등학교 입학때 뺑뺑이를 하는데 서류 제출하는 마지막날 교육청에 가서 아버지가 근무하는 학교로 1지망을 바꿨어요.

그래서 아버지가 근무하는 학교로 상위 클래스로 들어가게 됐어요.

그러니 선생님들이 저를 아시잖아요.

그런데 제가 모의 고사를 또 1등 했거든요.

그러니까 선생님들의 주목을 받게 됐는데 학교생활을 못 견디고 학교를 자퇴하니까 사람들이 아버지까지도 안좋게 보는 거예요.

"자기 아들도 제대로 관리 못하면서 다른 사람을 어떻게 관리하겠냐?"라는 말을 하는 거예요.

사람들의 시선과 완벽해야 된다는 것이 가장 큰 스트레스였습니다.

저는 모태신앙이거든요.

거기다 저희 교회는 큰 교회가 아니예요.

그리고 어렸을 때부터 그 교회에 다녔고 아버지도 할아버지도 장로님이니까 모든 교인들이 저를 무슨무슨 장로님 아들, 무슨무슨 장로님 손자 이렇게 알고 있었어요.

그래서 딴사람이 보기에도 학생회 가면 뭐하나 하겠구나 생각했어요.

그덕에 학생회 임원을 중3때부터 했어요.

중3때 총무를 했었고 고등학교때는 "이제 네 차례다"해서 회장을 1년하고 수능치는 해에는 회계를 맡았어요.

어릴 때 부터 누가 회장이 되면 나도 그 자리에서 봉사하고 싶다는 생각을 했었어요.

특히 회장 같은 경우에는 전체적으로 다 봐야 되잖아요.

그래서 그 자리에서 학생회 전체를 많이 부흥시키고 싶었어요.

그리고 어릴 때 부터 "저긴 네 자리가 될거니까 마음에 준비를 하고 있어라"는 말을 많이 들었어요.

솔직히 딴애들 주일날 공부하는데, 저는 아침 8시에 일어나 가정예배 드리고, 9시에 교회가서 예배 드리고 봉사하다보면 저녁 7시예요.

다른 큰 교회 다니는 애들보면 예배만 드리고 오는데 저는 그게 안되는 거예요.

엄마한테 "시험기간인데 집에 가야 되요" 라는 말을 아예 할 수가 없었어요.

당연히 교회 있어야 되니까요. 내일이 시험인데도…

그러다 수능 100일남고 50일 남고…

막 조바심이 났지만 그래도 교회에 있었어요.

왜냐하면 마음의 조바심 보다는 교회서 받는 위안이 더 컸어요.
하나님 말씀으로 힘을 얻다 보니 제의지로 교회에 있었죠.
좀 컸으니까 이제는 엄마가 뭐라고 하든 집에 가서 공부 할 수 있었는데
… 주일은 제가 주님과 약속한 날이고, 주님을 예배하고 봉사하기로 정한
날이니깐 당연히 가야지 라는 생각이 있었어요.

전 일단 주일엔 공부를 못하니까 주중에 체계적
으로 공부를 해야 되잖아요.
거기다가 저 같은 경우에는 토요일 날 꼭 행사가
있어요. 임원회나 기도회 같은것…
그래서 토요일 오전에는 교회에 가서 공부를 하려고 마음 먹고 가지만
잘 안되요.
사람들이 와서 밥 먹으러 가자 그러면 밥 먹으러 갔다가 영화까지 보고
들어오고… 이게 안되요.
그래서 월화수목금을 알차게 써야 되는 거예요.

저는 일단 머리를 워밍업을 해야돼요.
공부 시작하자마자 바쁘다고 어려운 문제부터 들이대면 안되고 워밍업
해야되는데… 그래서 저는 일단 아침에는 대개 쉬운 거부터 했어요.
일단 하나님 말씀부터 보고 시작하고 생각을 해요.

그래야지 머리가 돌아가요. '머리를 열어달라'고 기도도 해요.

준비가 안되면 뭐랄까… 진짜 쉬운 문제가 나와도 틀려요.

처음부터 달리려고 생각하지 말고 천천히 올라가야 돼요.

그래서 큐티를 끝내고 나면 이제 흥미로울만하고 머리를 돌릴만하니까 해리포터 원서 같은거 해석하면서 보죠.

속도를 슬슬 올려야돼요.

추리소설 같은거 읽으면 긴박감 있어 시간이 금방 가 버려요.

그래서 저는 한쳅터 한쳅터 대개 짧은 걸 읽었어요.

일본소설도 읽었는데 별로 스토리가 없지만 그냥 읽으면서 상상하고 한 30분정도 읽다가 공부를 시작하는데 아침에는 언어영역을 했죠.

특히 언어영역이 까다로운데 아침에 잠이 덜깨서 언어영역부터 부팅을 하려고하면 처음에는 부팅이 잘 안돼 힘들었어요.

계속 보는데 무슨 얘긴지 모르겠고 …

그래서 그 시간에 언어영역에만 맞도록 딱 맞췄어요. 그것만 돌리면 되니까요.

그리고 공부할 때 절대로 이과 과목끼리 연달아 하면 지쳐요.

예를 들어 국어를 하고 사회를 하고 영어를 보면 글을 한참 보잖아요.

특히 사회를 풀다가 국어 긴 지문 나오면 피곤해요.

잠오고 이해를 못해요.

그래서 저는 좀 섞었어요.

좀 하다가 내가 속도가 떨어진다 싶으면 딴걸로 돌렸어요.

안 되는걸 끝까지 붙잡고 늘어지면 지쳐요.

수능 선배로서 한마디 한다면 마인드 컨트롤이 가장 중요해요.

학교에서 수능 준비하는 친구들을 보면 누구는 몇등했는데 자기는 몇등했어 이런거에 대개 연연해해요.

특히 상위권 애들은 '위에 세 네명이 박빙이다' 이러면 불안해해요.

그 안에서도 연연해 하고 표준점수, 백분율 나오면 거기에도 연연해하는데… 제가 좀 낙관적인건지는 모르겠는데 저는 비교할 대상이 없으니까 연연하지 않고 그냥 했어요.

어떤 선배가 학교와서 한 말인데, 자기는 재수를 했는데 재수하는 1년 동안 공부를 크게 안했대요. 이미 공부는 다 갖춰져 있는데 수능 보는 당일날 너무 떨어 망쳐서 떨지 않는 훈련을 더했대요.

수능 하루가 중요한 날이잖아요. 매스컴에서도 시끌시끌하고 비행기도 못뜨고 경찰이 신분증 찾다 학교 앞에 갖다주고… 막 그러니까 그 분위기에 휩쓸려요.

근데 그거에 안 휩쓸리는 연습을 해야돼요.

마인드컨트롤을, 이미징을 해야돼요.

언젠가 장미란 선수가 역도 금메달 땄을 때 한 애긴데 시합 나가서 역기를 어떻게 들고, 관객들이 환호성 할 때 자기는 내려와서 어떻게 하고 이런걸 다 머릿 속에 쭉 그렸대요.

우리도 이제 그려야돼요.

처음에는 추상적으로 그리겠죠.

시험치를 학교 발표가 나면 그 학교에 가보세요.

그리고 그학교 위치를 생각해보세요. 머릿속에 그려질거예요.

그리고 나는 어떻게 등교할거고, 정문 들어갈 때 애들이 앞에서 응원할 텐데(어떤 사람은 응원하는게 대개 힘이되는 반면에 어떤사람은 응원하는게 진짜 수능이구나 이러면서 '아~ 수능! 어떻해 어떻해' 하며 불안해 하는 사람이 있어요. 막 진정이 안되는 사람이 있어요) 그때 마음을 차분하게 하는 게 중요하니까 차분해 하는 자신의 모습을 그려보세요.

그리고 평소에 하는데로 해야돼요.

시험칠때도 모의고사를 칠때도 평소에는 자기 학교에서 치다가 수능 볼때는 책상도 다른 책상이고 밖에 보이는 것도 다르고 시각도 다르고 들어오는 선생님도 다르고 애들도 다르니까 그게 좀 낯선 상황이라서 머리 가동이 안될 수가 있어요.

어떤 사람은 낯선 상황에서도 잘 되는 사람이 있는데 대개는 잘 안되잖아요.

그래서 저는 일상생활에서 이미징을 많이 하고 당일 날에 할것을 미리 준비를 했어요.

시험칠 교실 내 자리에 앉아 있는 모습, 선생님이 어떻게 들어올 것 같은 생각들을 이미징 했어요.

주위에 휩쓸리지 않고 평온하기 위해서요.

그리고 힘들면 자기가 어떻게 하고자 하잖아요.

저도 점수가 안나오면 어디가 잘못된건지부터 따지고 들어서 '이쪽이 잘못되었으니깐 이것을 중심으로 해야겠다… 이쪽이 약하니까 이것만 좀 봐야겠다'라고 생각을 했었어요.

근데 뒤돌아서 생각하면 감사한게, 자퇴하고나서 1년 반동안 제가 많이 변했어요.

하나님이 저를 신앙적으로 키우셨어요.

저는 자퇴하기 전에는 성격도 활발하지 않았어요.

중학교 입학식에 왔는데 아는 애들이 아무도 없는 거예요.

스무명이 올라왔는데 반이 11개에요.

생각한게 '아~ 진짜 운 안좋은 애들만 각반에 한명씩 걸리겠구나' 했는데 그게 저였어요.

어머니 말로는 어머니가 학교에 방문했을 때 제가 구석에 박혀 있었다네요.

"왜 거기 있냐?"면서 말씀하셨대요.

근데 그게 고등학교 때까지도 안 고쳐졌어요.

말을 잘 못해서 애들이랑 조별 발표 할 때도 애들과 함께 말하는 거보다 그냥 내가 혼자 하는게 낫겠지했는데… 그걸 자립심이라고 생각했는데 사실 자립심이 아니였어요.

그냥 틀어 박힌거였어요.

틀어 박힘과 동시에 자립도 못했어요.

어머니 아버지 손안에 있었으니까요.

제가 고등학교를 아빠가 근무하는 학교에 간것도 그런 이유도 있었던 거 같아요.

아빠가 근무하는 학교로 가면 다 아니까, 좀 편할거라 생각했어요.

근데 1년반 동안 교회 사역하면서도 배웠고 교회 선배들한테 많이 배웠어요.

사람이 교회에서는 소극적이 되기가 힘들잖아요.

교회 사람들이 다 오픈마인드고 챙겨주고 축복해주고 그러면서 같이 다니고… 정말 영향력을 많이 받았어요.

특히 나를 많이 챙겨주니까, 성격적인 면에서도 저를 많이 오픈하게 만들었어요.

고등학교 때는 대체로 마음을 닫잖아요.

나는 마음을 열려고 하는데 다른 사람들은 닫으니까 마음이 쉽사리 열리지 않았어요.

그런데 교회 사람들은 마음이 열려있고 어떤 모습의 나라도 다 포용해 줄 수 있잖아요.

그래서 저도 그덕에 많이 변했어요.

저를 변화시켜준 사람이 두 세명 있어요.

중학교 때도 제 나름대로는 제가 활발하다고 생각했었는데 친하다고 생각한 어느 친구는 그때 저를 "아, 쟤는 혼자 다니고 교회 일 있어도 그냥 빨리 혼자 집에 가버리고 잘 안 어울리고, 혼자만의 세계에 있으니까 쟤는 아무리 공부 잘하고 좋은 대학에 가도 소외받을거야" 라고 생각했었데요.

근데 1년 정도 지나고 지난해 여름에 그 친구를 만났는데 나를 보더니 "나는 네가 이렇게 변할 줄 몰랐다. 예전의 너를 상상할 수가 없다. 도저히 상상할 수가 없는 모습으로 바뀌었다"고 그랬어요.

지금 제가 학교에서 일하는 모습은 예전같으면 상상할 수가 없어요.

성적이 떨어졌을때는 올리기 힘들어요.

근데 올릴려고 할 때 조급하면 더 안 올라가요. 조급하면 안돼요.

언어공부할때 일단 비문학은 감각이 타고나는 부분이라기 보다는 어릴 때부터 책을 읽으면 좋아요.

근데 그렇지 않아도 감각을 키울수는 있어요.

책을 읽기는 읽어야 되는데 고등학교 때는 책읽기가 힘들잖아요.

그래서 지문에 나오는 것만 보고 공부해도 되는거 같아요.

그런데 선생님들은 꼭 그러잖아요.

"중요한 문장 찾고 줄긋고 해라!"

그런데 이게 연습이 안되어 있으면 중간에 연결고리가 없어서 연결이 안되잖아요.

그래서 저는 비문학 풀때 절대 지문 먼저 읽지 않았어요.

그냥 쭉 훑어보고 문제를 먼저봤어요.

문제를 보면 이게 어떤 부분에 대한 것인지 나와요.

그럼 그걸 먼저 보고 지문을 읽는거예요.

문제에서 지문이 뭔지를 대충 파악하고 들어가면 지문 이해가 더 빠르거든요.

수학은 개념 이해가 우선이에요.

이게 왜 이렇게 되는지 알아야 돼요.

이걸 증명해봐라 했을때 증명할 수준은 안 되더라도 이게 왜 이렇게 나오는지는 알아야되요.

식만 막 외우는건 안돼요.

왜 이렇게 되는지는 꼭 알아야되요. 풀다가 안풀리는 문제가 있으면 답지를 봤어요. 답지를 보면서 답지가 왜 이렇게 나오는지 꼭 알아야돼요.

문제를 잡고 있으면 시간 낭비예요.

그래서 저는 모르면 그냥 답지를 봤어요.

근데 오답노트는 안했어요.

오답노트를 아무리 정리해도 잘 안봐져요.

진짜 상위권이라도 체계적으로 완벽하게 갖춰진 사람 아니면 잘 안봐요. 안보면 소용없어요.

수학문제를 풀다보면 문제를 꼬와놔도 결국에 기본적인게 있잖아요.

그걸 파악하는 연습을 해야되요.

영어공부는 일단 좋아해야 돼요.

영어를 싫어하면 아무것도 안돼요. 그러면 진짜 힘들어요.

영어랑 친해야되요.

저는 영어랑 친해지려고 팝송도 듣고, 영어 찬양도 들었어요.

노래를 따라 하다보면 잘 들리잖아요.

음이 있으니까 노래를 듣고 인터넷에서 가사를 찾아서 이게 무슨 말인지를 그리고 '아 이게 이렇게 발음 되는구나' 하고 노래를 듣다보면 듣기가 쉬워요.

일단 영어와 친해져야해요.

영어노래 듣다보면 문법문제를 제일 어려워하거든요.

근데 듣다보면 에매한 문법들이 맞춰져요. 딱딱 맞아요.

그리고 저는 미드(미국드라마)를 봤어요.

한글자막도 나오는걸로. 그런데 미드는 별로 도움 안된다고 생각해요.

미드는 나중에 토플 토익공부하고 리스닝 공부하고 그럴때 영어자막으로 띄어놓고 하면 좋을지라도 수능은 정해진 기간이 있잖아요.

그 기간에 어짜피 수능이라는게 요령이니까 그 요령을 익히려면 미드는 그렇게 도움 안 된다고 생각해요.

일단 교회를 안가도 분명 공부가 잘 안 될 거예요.

그런데 사람이 쉬어야 돼요.

피곤하면 공부가 잘 안 돼요.

그리고 교회를 가면 물론 공부하는 쪽에서는 뒤처질지 모르겠지만 쳐지는 만큼 주님이 주시는 은혜가 있잖아요.

그리고 교회에서 받는 영적, 그리고 정신적인 위안이 있어요.

아까도 말했지만 마음을 편하게 하는게 제일 중요하거든요.

수능 몇일 남았다고 조급해 하고 200,199,198… 일이야 이러면서 D-데이 띄어놓고 보면 하루하루가 막 일초 남은 것 처럼 생각돼요.

정말 공부는 마음 편한게 제일 잘돼요.

교회에 있으면 마음에 제일 중요한 영적인 안식도 얻고 또 은혜도 많이 얻잖아요.

그리고 가장 중요하게 생각하는게 마음에 안정이니까 그 안정을 큐티 하면서 하나님 말씀에서 찾았으면 해요.

뮈랄까… 그런애들 있잖아요.

저 같은 케이스요.

자퇴하고 학교 안가고 공부하는 케이스요.

친구중에도 자퇴하고 싶다는 애들이 있는데 위험한거 같아요.

저도 그랬거든요.

공부하고 나서 유혹에 빠지기가 쉬워요.

진짜 그게 위험한거 같아요. 그래서 그런 분들은 더 말씀을 보고 더 마음을 잡아야 될 것 같아요.

그리고 플랜이 가장 중요해요.

저는 플랜을 세울때 아침마다 포스트 잇에 꼭 해야 될 것들 적어놔요.

그런데 꼭 해야 될것들이 너무 많아지면 조급해지고 '나는 이것도 못했어' 라고 열등감이 생겨요.

꼭 해놔야 될 것 들을 적정량만 만들고 뒤에 해도 될 것들을 한두개 하면 자신감이 생기거든요.

그리고 사람들이 말하기를 "자퇴는 위험하다고 했지만 성공한 케이스잖아요?"라고 말하는데… 저같은 케이스도 있지만 제 선배는 저처럼 자퇴를 했는데 3수를 해서 서울대를 왔어요.

오히려 시간을 버린 케이스죠.

그러니 신중해야 된다고 생각합니다.

02

분명한 비전을 세우십시오!

김영완
서울대학교 공과대학
전기컴퓨터공학부 1학년

개인적인 욕심이였던것 같아요.

"최고의 대학이니까 가고 싶다"라는 생각을 가지고 했어요.

과에 대해서는 하나님께서 주신 비전이 있었어요.

특별히 좋아하는 이 학과의 공부를 가르치는 그리고 캠퍼스 복음화를 위해서 기도하는 교수가 되고 싶다는 비전이 있었거든요.

그래서 이 과를 좋아하니까 또 욕심으로는 최고니까 가고 싶어 했어요.

이 비전은 중학교때부터 있었는데 그래서 과학고를 가고 싶어 했었어요.

그래서 공부를 나름대로 열심히 했죠.

그런데 과학고는 떨어지고 원치않는 학교로 가게 됐어요.

그러다 고등학교때 들어와서 예수님을 믿게 됐어요.

중학교때는 교회를 다녔지만 욕심도 많고 이기적이였고 그리고 기독교인으로서 하지 말아야 할 행동도 했어요.

좀 놀았지요.

네, 그러다 고등학교 때 예수님을(나의 구세주로 믿어) 만나고 서울대 가려고 고등학교 때 부터 준비하게 됐어요.

그런데 저는 제가 제 나름 방법대로 열심히 했다고 생각했는데요. 나중에 결론에 가서는 제가 한게 아무 것도 없고 하나님께서 다 만드신 거셨더라고요.

그러니까 제가 일단 공부는 그냥 열심히 했어요.

욕심이 있었고 그리고 꿈이 있어서 열심히 했는데 그래서 고3때도 성적은 잘 나왔어요.

25

그 결과 내가 원하는 학교에 갈 수 있겠다 싶었는데 결정적인 순간에 수능에서는 실패를 했죠.

수능에서 점수가 확 떨어졌어요.

실패를 하고 엄청 원망 했던것 같아요.

그 한해에 진짜 저의 주변의 모든 사람들이 저한테 집중 되있었거든요.

어머니도 아버지도 저한테 모든 시간을 다쓰시고 그리고 아버지는 안 나가시던 새벽기도에도 나가시며 기대했는데 실패했어요.

상실감이 컸죠.

"나름대로 하나님을 위해서 비젼을 준비했고, 그리고 이렇게 열심히 공부했는데 왜 나는 떨어져야 합니까?" 하는 원망이 있었어요.

그래서 수능 치르고 바로 다음날 재수를 시작했어요.

뭔가 잘못됐다 생각돼서 재수를 시작했던 것 같아요.

아~ 그리고 그 전에 수시모집에도 지원을 했었거든요.

그때 제가 비젼을 가지고 가고 싶었던 과는 전기컴퓨터공학과였어요. 근데 이 과가 대개 높았어요.

제가 2번째 수능때는 재수할때는 수시를 안쓰려고 했어요.

그런데 주변에서 억지로 쓰게끔 했어요. 저는 수능성적이 너무 잘 나오니까 충분히 가고도 남는데 뭐하려고 그런거 쓰냐는 생각이어서 안쓰고 있다가 주변에서 막 하라고 해서 쓰기 싫었는데 대충 썼어요.

대충 썼는데 그런데 수시 결과가 제가 두 번째 수능을 완전 망치고 돌아온 그날 나왔어요. 확인해보니까 일단 1차가 합격됐다는 거예요.

근데 정말 웃긴게 그 전형은 수능이 전혀 들어가지 않아요.

그 당시에는 알지 못했는데 지금 와서 돌아보면 하나님이 사람의 방법으로 하면 되지 않는다는 것을 알게 하시려는 계획들 이였던것 같아요.

재수를 하면서 제 방식대로 역시 깨달음 없이 흘러갔어요.

재수 때도 성적이 계속 거의 만점 가까이 나왔어요.

그런 성적이 나왔는데도 수능때 또 실패를 했어요.

분명히 고통스러운 9개월이였는데… 진짜 많은걸 참아가면서 희생한 9개월이였는데… 수능은 실패했어요.

제가 2년동안 그렇게 용을 쓰면서 했던 공부가 아무 소용이 없는거예요.

2주 후에 치는 특기자 면접시험은 수능과 아무 관련이 없는 시험인거예요. 그래서 또 정신없이 준비했죠.

그때도 수능 마치고 나서 2주 동안 최선을 다해 준비해서 시험치러 갔는데 하나님께서 그때 붙게 해 주셨어요.

2번다 너무 긴장 됐거든요.

너무 불안 했었어요.

그런데 특기자 면접 시험을 보러 갔을 때는 제가 한게 없었어요.

다른 아이들은 1년동안 공부한 분량을 훑고 갔잖아요.

오히려 제가 한게 없으니까 불안하지 않더라고요.

그래서 불안하지 않는 가운데서 시험을 쳤는데 예, 하나님께서 붙게 해 주셨어요.

예!

고등학교 2학년때부터 2년동안 계속 교회에서 토요일 일요일 보내고 거의 공부를 안했어요.

제 생각은 뭐였냐면 "공부도 열심히 해 잘하면서, 신앙생활도 열심히 잘하는 생활을 하자!" 이였어요.

허영이 대개 많았어요.

교회생활에서도 다른 사람에게 "나는 공부도 잘하고 신앙생활도 잘한다"고 보여지기 위한 것이었어요.

욕심이 많았어요.

그래서 교회 봉사는 다 열심히 했던것 같아요.

그러면서 계속 첫 번째 실패를 겪고 두 번째 실패를 겪었잖아요.

그런데 교회 생활을 하면서 하나님께서 계속 말씀으로 붙드시고 자의로든 타의로든 계속 기도하게 하셨어요.

그랬기에 실패 했어도 마지막에는 하나님께서 그냥 해주신거죠.

그것을 깨닫고 알 수 있었던것은 제가 2주동안 준비할 때였어요.

내가 하는것 들은 아무 소용이 없고 하나님을 내가 전적으로 신뢰하고 모든 방법을 주님의 방법대로 했을 때 그때 정말로 하나님께서 좋은 결과를 더 좋은 것으로 주신다는 것을 알게 되었어요.

그러니까 하나님을 멀리하진 않았지만 하나님의 방법이 아닌 내 방법대로 했을때 불안하고 실패가 왔었는데 그걸 다 내려놓고 하나님께 맡겼더니 불안하지 않았고 덤으로 성공을 주신거죠.

오히려 하나님께 모든걸 내어 맡겼을 때 평안을 느끼게 된겁니다.

그날은 집착도 안하구요.

그냥 기도하고 갔어요.

수능이 항상 목요일이잖아요.

그래서 수능전날이 수요예배잖아요.

부모님께서 수요예배에 데리고 가셨거든요.

도살장에 끌려가는 소 같았어요.

수요예배 가는 기분이요.

"나는 공부를 조금 더 해서 내일 시험을 잘 쳐야 돼는데 왜 나를 이렇게 끌고가나!" 싶었어요.

특기자 시험 치기 전에 제가 자발적으로 할 수 있는게 없으니까 어쩔수 없이 기도하게 되더라고요.

주일은 제가 자발적으로 교회를 갔죠.

부모님은 수요예배에도 가라고 많이 하셨지만 그날 수요예배시간이 너무 아까웠던 거예요.

그날 교회 끌려갔지만… 기도하며 하나님을 의지하면서 내어 맡기고 시험치러 갔어요.

학교에서도 성경을 읽었어요.

그러니까 매일 야자시간 시작하기전에 성경을 읽었거든요.

자의로 읽었든 타의로 읽었든간에 성경을 하여튼 읽게 됐어요.

그런데 거기서 주시는 말씀에서 은혜를 많이 받았고 그 말씀들을 대개 많이 의지를 하였는데 "주님 때문에 내가 할 수 있다"는 마음만 있었죠.

비전에 대한 생각을 많이했어요.

제가 제 공부하는거지만 '이건 정말로 하나님을 위한 것이다' 라는 생각이 있었어요.

'나는 하나님을 위해서 이렇게 공부 하니까 하나님이 당연히 붙게 해주시겠지' 라는 마음을 갖고 있었죠.

그런데 실패를 하고나서 하나님을 원망 했잖아요.

원망은 했지만 다음번에는 '하나님을 위해서 내가 이렇게까지 하는데 설마 두 번 치시겠나' 라는 마음을 갖고 했었거든요.

그리고 공부하다가 힘들었을 때도 그냥 이를 악물었어요.

'나는 하나님을 위해서 이런 일을 해야된다. 나는 해야된다'라는 생각을 가졌어요. 이를 악물며 했어요.

찬양팀으로 섬겼어요.

그리고 조그마한 교회니까 제가 할 수 있는 일은 거의 다했어요.

뭐 방송실 일도하고, 주보도 만들고… 할 수 있는 일은 다 했던 것 같아요.

성적에 대한 욕심을 내려 놨었어야 됐던것 같아요. 내가 할 수 있다는 마음, 그리고 이만큼 성적이 나와야 된다는 욕심을 내려놓고 다만 그 자리에서 최선을 다하는 것, 그러니까 자기가 할 수 있는 본분을 지키고 그리고 그것을 하고 그것을 지키되 하나님께 전적으로 의지하고 맡기는 것, 그게 중요한거 같아요.

제가 의지하며 제가 잡았던 기도제목은(제 마음대로 해석한건데, 나중에 그게 잘못됐다는걸 알았어요…) 히스기야의 기도였어요.

히스기야의 기도가 "내가 이렇게 선하게 행하니까 하나님께서 이 닥친 위기를 없애주세요" 라는 기도잖아요.

제가 딱 그런 처지 였어요.

"나는 이렇게 선한 마음을 품고 공부하니까 이번 수능에는 잘 치게 해주세요" 식의 기도였는데… 지금은 잘못 됐다는 걸 알았어요.

내 마음이 선하지 않았고 욕심을 부렸으니까요.

특별히 은혜 받았던 말씀은 고린도전서 10장 13절입니다.

"사람이 감당할 시험 밖에는 너희가 당한 것이 없나니 오직 하나님은 미쁘사 너희가 감당하지 못할 시험 당함을 허락하지 아니하시고 시험 당할 즈음에 또한 피할 길을 내사 너희로 능히 감당하게 하시느니라."

하나님께서 감당할 만할 시험만 주시고 결정적 순간에서는 항상 피할 길을 주신다는 건데… 제가 큰 힘이 됐어요.

찬양은 찬양팀을 하면서 많은 힘을 얻었어요.
찬양은 좋고 나쁜게 없이 찬양이라면 다 좋았어요.
찬양은 가사가 기도잖아요.
찬양하면서 기도하는게 좋았어요.

언어영역은 기출문제를 열심히 분석했고 문단별로 나눴어요.
문단의 주제를 잡았고, 그리고 문제가 유형별로 나오니까 이 문제는 어떻게 풀어야될 지 생각한 다음에 유형별로 정리를 했어요. 그런 후 분석한 걸 토대로 유형을 유형별로 적용하는 연습을 했어요.

수학은 좋아했으니까… 기본적인걸 충실히 했어요.
문제를 많이 풀기 보다는 그냥 못푸는 문제가 없도록 그러니까 한 개 한 개를 풀더라도 한 문제집을 풀더라도 내가 못푸는 문제가 없도록 했어요.
적게 풀더라도 완벽하게 알도록 했어요.
그렇게 많은 문제를 풀지는 않았어요.

과탐은 제일 웃긴데 처음부터 끝까지 다 외웠어요.
2년했잖아요.

시간이 길었으니까요.

외국어는 제가 이렇다 할 공부법을 말할 수가 없어요.

그 이유는 외국어가 항상 100점 나오더라도 수능에서 70, 60 이렇게 나와서요. 외국어가 2번의 수능의 패인 이였거든요.

그냥 단어를 열심히 외우고 독해를 열심히 했지 체계적이지 못했어요.

생활을 대개 규칙적으로 했어요.

솔직히 주일이랑 토요일을 날리니까 5일동안 뭔가를 해야한다는 생각이 있었거든요.

그래서 5일 동안은 밤12시부터 6시까지 자는걸로 하고, 항상 그때는 잤어요.

그리고 하루 계획을 30분 단위로 플래너를 짜고요.

낭비하는 시간이 없는지 항상 체크했어요.

그 플래너에 제가 할 목표량, 하고 난 후 얼만큼 했는지를 체크 했는데… 체크하는건 얼마나 집중 했는지 그리고 얼마나 많은 양을 했는지 30분단위로 체크 했어요.

시간을 낭비하지 않으려고 노력했어요.

그러니까 잠은 줄이지 않았고 나머지 18시간에 최대한 많은 걸 하려고 했어요.

제가 창원에 살다 서울 목동으로 이사와서 충격을 받은게 고3들이 아침 9시부터 10까지 예배를 따로 드리고 10시부터 학원을 가더라고요.

대개 충격을 많이 받았어요.

왜 이렇게 어렵게 주일까지 학원에 가야 하나 싶었어요.

제 생각은 주일은 하나님께 온전히 드려야 하는 시간인거 같아요.

그러니까 결국 열쇠는 하나님이고 의지할 분도 하나님인데 그 주일을 놓쳐버리면 안된다고 생각해요.

정말로 자기힘으로 할 수 있는게 없으니까요.

주일날 하나님을 만나는 예배의 시간을 놓치지 않아야 된다고 생각해요.

그리고 교회봉사를 친구들이나 어른들이 못하게 하는 이유는 봉사하는 시간 이외에 너무 많은 시간을 사용했기 때문인 것 같아요.

그러니까 예배만 드리고 봉사만 하고… 하나님만을 위해서 쓰는게 아니라 친구들과 놀고, 그리고 교회에 갔다가 다른곳으로 가서 시간을 쏟으니까, 정작 주목적인 봉사하는 시간 외에 다른데에 시간을 쏟으니까 부모님도 싫어하시죠.

하나님께 드리는 시간만 드리고 그리고 공부에 집중한다면 주일 예배 드리고 봉사해도 수능이라는 시험을 치르는데는 문제가 없는거 같아요.

의지할데를 잘못 찾은 저와 똑같은 실수를 하고 계신거잖아요. 그러니까 인간적인 방법에 아이의 인생을 걸고 계신거와 같다고 생각해요. 1년이라는 시간을!

저와 똑같은 실수를 안하셨으면 좋겠어요.

하나님의 방법으로 하나님을 의지해야지 자기의 방법으로 하면 아이가 더 잘 할 것이라는 자신의 생각 때문에 주일날 교회를 안보내고 공부를 시키더라도 실패 할 수 밖에 없어요. 제 사례가 말해주듯이요.

03

자신감을 가지십시오!

김미희
서울대학교 공과대학
화학생물공학부 1학년

저보다는 엄마가 원했던 것 같아요. 엄마 이야기 좀 할게요. 근래에 알게 되었는데, 이제까지 엄마가 친구 따라서 교회에 간 줄 알았는데 저를 가졌을 때부터 스스로 교회를 다니기 시작했데요. 엄마가 욕심이 있으셨나 봐요. 자식욕심이요. 정말 잘 키워야겠는데 자기 힘으로 키우는 것 보다 기도하면서 키워야겠다는 생각이 들었데요. 그래서 엄마가 그때부터 교회를 나갔데요. 안 믿는 분이셨는데… 그래서 제가 유아세례 받을 때 엄마도 같이 세례를 받으셨어요.

엄마가 저한테 자신감을 심어줄려고 그랬는지 어릴 때 부터 맨날 "너는 최고야!"라는 말을 많이 해주셨어요. 그래서 항상 제 안에 자신감이 있었던 것 같아요. 제가 뭘 하든 어떤 위치에 있든 간에 "아-난 할 수 있구나!" 그런 게 있었거든요. 저를 크게 키우고 최고로 키우겠다는 마음이 엄마에게 있었는데, 주님이 주신 마음이라고 생각해요. 그래서 어릴 때부터 엄마가 저를 공부를 좀 시키셨어요. 비싼 학원이나 과외는 안했지만 학습지 정도 했고(초등 학교때는 수학만), 제가 하고 싶어 하는 거 수영이나 피아노나 미술…등 다 가르쳐주셨어요. 그래서 제가 중고등학교때 음악, 미술, 체육을 잘했어요.

사실 초등학교 때도 공부는 잘 하긴 했어요. 학원은 안다녔지만 1등하고 그랬었는데, 6학년 때 서울에 살다가 부천으로 이사를 갔어요.

6학년 여름방학 때부터는 중학생 된다고 예비 중1을 공부하잖아요. 그때 처음으로 부천 쪽에 큰 학원을 다녔어요. 엄마아빠가 봐줄 수 있는 공부가 아니니까요.

초등학교 5학년 6학년때 성가대 활동도 했어요. 교회가 좋았어요. 잘해

주고 가면 뭔가 좋고, 많이 인정 받기도 하고 그래서 교회에 다녔는데 "아나도 믿고 싶다"정도 생각만 있었던 것 같아요.

그리고 중학교 때는 엄마 기대만큼 공부하지 못했어요. 처음에는 전교 한 33등? 이었는데 중2땐가, 전교 6등을 한번 한 거예요. 그때 학원비를 전교 5등부터 깎아주었는데, 3학년 때 까지 전교 6등만 했어요. 그 다섯 명은 어떻게 공부하는지 도무지 모르겠어요.

이제 중3이 됐는데, 제가 영어를 대개 못했어요. 그런데 어떻게 하다가 학원이 바뀌게 됐어요. 제가 상동에 사는데 중동에 있는 학원을 다녔거든요. 외고반이나 특목고반 가야된다고 하는데 너무 가기 싫었어요. 그래도 (시험 볼 기간이 늦었는데) 일단 학원 외고반 시험 영어랑 수학을 봤는데 수학은 그냥 대충 풀었어요. 근데 영어는 하나도 모르겠는 거예요. 듣기를 하는데 그냥 웅얼웅얼만… 1번 문제만 풀고 나머진 거의 감으로 그냥 다 찍었어요. 근데 외고반이 붙은 거예요.

그래서 학원 가자마자 영어 꼴찌했어요. 학원에서 저 때문에 고민하셨대요. 영어점수는 바닥이고 수학점수는 좀 높은 편이고 하니까…. 그래서 영어점수 때문에 결국은 제일 밑에 반 갔죠. 근데 외고반에 있다 보니까 외고에 가고 싶더라고요. 그래서 영어공부가 꼴찌였는데 다시 시작 해봤어요. 처음에는 남보다 한 시간씩 남아서 문단 하나 글하나 단락 하나 (그거 읽는 것도 대개 힘들었어요)를 하나씩 했어요.

그때는 생판 모르니까 사전을 하나 갖다놓고 리딩튜터 라는게 있는데,

(한 페이지당 문단 하나 문제 한 두개 이렇게 있는데) 그거를 하루에 한쪽씩 했어요. 나중에는 두 개씩 세 개씩 하니까 '이젠 좀 쉽네'정도가 됐죠.

성적이 조금씩 오르는거예요. 그래서 이젠 영어가 재미가 있는 거예요. 처음에는 뭔 말인지 몰라서 맨날 영어시간에 공부는 안하고 이상한 개그 준비해 와가지고 수업 분위기 흐리고 그랬어요. 아 물론 영어선생님한테 엄청 많이 혼났어요. 그런데 제가 이제 공부하려고 하니까 선생님이 기쁘셨나봐요. 잘 알려줬어요. 그래서 영어선생님이 시킨 대로 했어요. 몰랐는데도 그냥 읽었어요. 알든 모르던 그냥 읽고 그 다음에 다시 읽으면서 그 때는 해답지 해석이랑 문단이랑 보면서, 하나하나 다 비교했어요. 근데 그게 제 공부 습성이 된 거 같아요. 그냥 자꾸 하나하나 다 비교해요. 안 빠트리려고 했던 것 같아요. 그래서 단어 하나 다 찾고 나중엔 전치사 이게 왜 있는가 까지 따지고… 그렇게 좀 약간 조잡하게 공부를 했는데 그래도 성적이 올랐어요.

중3 정도 됐을 때는 "너 외고 한번 준비해봐라"라고 선생님이 말하시더라고요. 그래서 열심히 했어요. 진짜 다른 거 안하고 영어공부만 8개월 동안 했던 것 같아요. 하루 종일 했어요. 12시간 13시간 14시간 영어공부만. 리스닝을 해야 되는데, 하나도 모르는 거예요. 그래서 무식하게 문제를 풀다 풀다 안 되니까, 안 들리니까, 일단 백지를 펴놓고, 처음엔 빈칸 넣기를 해보라는데 그것도 힘든 거예요. 그래서 에이 몰라 백지를 펴놓고, 어학기로 듣고 백지에다가 들리는걸 그냥 순서대로 모르는 단어는 발음대로 한글로 적었어요. 그런 다음 스크립트 영어를 보고 빨간색으로 다 체크 했어요. 근데 체크한 빨간색 부분을 보면서 들으니까 이제 조금씩 알잖아요.

“아 이럴 땐 이걸 이렇게 발음하는구나.”

그러니까 자연스럽게 그냥 익히게 되더라고요. 그래서 제 영어 성적이 툭툭 툭툭 올라갔어요. 진짜 열심히 했어요.

그리고 여전히 리딩은 남들보다 못했어요. 내가 열심히 하니까 잘해보였겠지만… 근데 진짜 열심히 하긴 했어요. 점심시간도 밥 먹고 와서 도서관가서 영어책 보고, 쉬는 시간에 듣고, 할 수 있는 시간을 다 했던 것 같아요. 그 정도로 하고 외고시험을 봤는데 떨어졌어요. 외고에 떨어진 충격이 너무 큰 거예요.

외고 떨어지자마자 선생님이 “너 빨리 인문계 넣어야 된다 정하라”고 하셨어요. 그래서 저랑 아는 언니가 간 학교를 1지망으로 썼는데…경기도는 연합고사라는 걸 봐요. 그냥 뺑뺑이 돌릴려고 보는 건데, 오기가 생겨서 연합고사를 아는 거 다 짜내 가지고 진짜 열심히 풀었어요. 그런데 상상도 못했는데 고등학교를 수석으로 입학했다는 거예요. 진짜 깜짝 놀랐어요. 엄마가 그렇게 갈급하던 1등을!

장학금 받고 고등학교를 선서하고 들어갔어요. 들어가니까 선생님들 기대가 장난이 아닌 거예요, 그리고 애들도 저를 저로 안보고 일단 1등이라는 걸 먼저 앞에 달고 저를 보는 거예요. 그러니까 색안경도 장난 아니었고… 고등학교 기간 동안에 대개 힘들었어요. 고등학교 1학년 2학년 성적은 그냥 올1이었어요. 모의고사, 내신, 등급도 그냥 다 올

1이였어요.

그런데 뭔가 모르게 갈수록 힘들어지는 거예요. 공부가 힘들다는 게 아니라 마음이 너무 힘들어지는 거예요. 왜 그랬는지 모르겠는데, 자꾸 저에 대한 루머가 퍼졌어요. 저는 안 그런데 어떤 일이 있으면, 자꾸 애들 입을 통해 루머가 퍼지고, 모르는 애들은 그 루머를 듣고 또 날 이상한 사람으로 보고… 대개 상처를 많이 받았었어요.

학원은 고등부로 올라가서도 중학교 때 다니던 학원에 계속 다녔고요. 너무 힘들어하다가 처음에는 내 힘으로 생각했어요. 도대체 왜 그러지?

별에 별생각이 다 드는 거예요. 그리고 애들 다 노는데 나만 공부하는거 같아 소외감 느끼고 그랬거든요. 그래서 '이게 뭐지 왜 내가 공부하지?'라는 생각이 들었는데 목적이 없는 거예요, 공부하는 목적이!

그전에는 1등하면 엄마가 좋아하니까 칭찬받으니까 그리고 뭔가 있어보이고 명예롭잖아요. 그래서 했던 것 같아요. 제 욕심 때문에.

근데 갈수록 내가 공부하는 목적이 없다는 게 느껴지고, 도대체 아니 왜 이렇게 살아야 되는지 모르겠는거예요. 지금 생각해 보면 웃기긴 한데 그때는 상당히 고민이 많았었던 것 같아요.

제가 고1때 반장을 하고 있었거든요. 저도 몰랐는데 제가 대개 여린 사람 이였나 봐요. 그래서 애들한테 정말 좋은 뜻에서 정말 잘해주고 싶은데, 애들은 그렇게 안보더라고요. 점점 피해자같은 느낌이 들었어요. 그러다 보니까 자연스럽게 교회에 더 자주가게 되더라고요. 힘드니까요.

그런데 이상하게 성적은 잘나왔어요. 공부를 좀 안하기도 하고 이번엔 좀 별로네 했는데 시험만 보면 계속1등급으로 나오는 거예요. 그래서 너무 신기했어요. 남들은 "쟤는 머리가 좋나? 아니면 엄청 독한 앤가?" 이렇게 생각했던 것 같아요. 근데 그게 나중에 알고 보니까 아니더라고요.

고2때 반이 바뀌었는데, 애들이 더 힘들게 하는 거예요. 1학년 때는 남자 여자 분반 이였거든요. 그래도 반장이고 그러니까 별로 였는데, 고2때 남자 애들이 더 힘들게 하는 거예요. 이과에 갔는데 여자가 몇 명 없잖아요. 근데, 그게 주님이 "애야 이제 제발 나한테 돌아와라"는 신호를 보냈던 것 같아요. "너 힘들지? 나 떠나면 힘들지? 너 나 떠나면 살 수 없어" 라는 말씀이였던 것 같아요.

아무 의미 없이 공부하는 것도 힘들고, 집에가면 엄마랑도 맨날 싸우고, 학교 가면 자존감이 엄청 낮아지고… 성적이라는 것 때문에 포장된 나는 멋있어 보였지만은, 내 안에 있는 나는 너무 자존감이 낮고, 맨날 눈치보고, 사람 눈 의식하고 힘들었어요.

그래서 제가 중간에 영어 동아리를 들었어요. 근데 거기에 크리스천인 남자 애가 있었어요. 제가 "아- 어떻게 저런 신앙을 갖고 있지? 정말 거룩한 홀리한 애구나" 라고 생각했어요. 전교생이 다 인정하는 애였어요. 그랬는데, 고2때 2학기기가 시작 되고나서 9월 달쯤인가? 제 영혼이 아주 바닥이었어요. 살고 싶지 않았어요. 그냥 좌절에 좌절 절망이였어요.

근데 걔가 언제 한번 "야자 끝나고 교회가자"이러는거예요. 그때 그말이 너무 고마웠어요. 그때 아무도 나한테 손 내밀어 주는 사람이 없었어요.

우리 학교 뒤에 교회가 있었는데, 그 교회로 데려 가더라고요.

그때 즈음 학원 끝나고 시험 대비해서 공부하고 힘들어서 집에 갔더니, 엄마아빠가 엄청 싸우는 소리가 들리는 거예요. 근데 저는 어릴 때부터 엄마아빠 싸우는 게 엄청난 상처 였거든요. 대개 무섭고 막 벌벌 떨었어요. 툭하면 그러셨는데 그때는 이해를 못했었어요. 엄마아빠를 이해 못하고 너무 속상해서 그냥 가방 매고 나와 집에 안 들어갔었어요. 금요일 날 그랬는데 선생님한테 전화하고, 금 토 안 들어갔어요.

그 다음날 경찰서에서 김미희 학생 돌아오라고, 집에 들어오라고 문자 오더라고요. 근데 가기 싫었거든요. 그래도 학교 가야되니까 일요일 저녁에 집에 가긴 갔어요. 아무튼 뭔진 모르겠는데 뭔가가 저를 너무 힘들게 했어요.

근데 저도 생각해보면 제가 그렇게 불행할 이유도 없고, 남들 다 겪는 거고 그런데 왜 그때 그렇게 힘들었는지 모르겠어요. 그래서 개하고 교회 가서 밤 9시부터 밤 12시까지 3시간 이야기를 했던 거 같아요. 개가 내 이야기를 뭐든지 다 들어 주는 거예요. 그리고 제 이야기를 다 듣고 나서 자기 중3때 이야기를 들려주는 거예요. 그러면서 예수님이 어떤 분인지 살짝 알려 주었어요. 진짜 좋은 말 많이 해줬는데, 제일 기억에 남는 말, 그러니까 아직도 지워지지 않는 말이고, 아직도 기억하고 있는 말인데, 이거였어요.

"주님이 너를 너무 존귀하게 생각하고 있고, 너를 너무 소중하게 여기신단다. 그래서 나도 너를 진짜 너무 귀하게 여기고 있다."

이 말을 해주는 거예요.

누구도 그런 말 잘 안 해주잖아요. 엄마도 "너 성격 좀 고쳐라" 그랬는데 … 그 말을 듣는 게 처음에는 너무 부끄러웠는데 대개 찡하더라고요. 그리고 "너의 모든 문제를 주님이 알고 계신다. 네가 말 안 해도 알고 계시고,

네가 울 때에 같이 울고 계시고, 너무 마음 아파 하신단다”고 너무 확신하면서 이야기하는 거예요.

“막막한 네 문제 반드시 다 해결 될 거고. 다 새 것처럼 고쳐주시고, 다 완전케 해주실 거다”라고 말하는 거예요. 그러면서 마지막에 딱 쐐기를 박았어요.

“이거는 내가 하는 말이 아니라 하나님 아버지께서 나를 통하여서 너한테 하는 말이란다”라고 하는데, 믿어지지 않던 개말이 갑자기 믿어졌어요.

이야기를 마치고, 12시가 넘어 집에 갔어요. 그때부터 예배를 안 빠지려고 했던 것 같아요. 그때부터 제가 조금씩 조금씩 주님께 돌아오다가 고2의 9월이 됐어요.

그런데 고등학교 2학년 때 선생님이 엄청 믿음이 좋으신 분이셨어요. 대개 젊은 여자 선생님 이셨어요. 여름 수련회를 갔는데, 왜그런지 모르겠는데 선생님이 저를 위해 막 울부짖으면서 기도를 하세요. 저는 대개 건조하게 기도했어요. 남들 다 울부짖으면서 기도하는데, 저는 그렇게 기도도 못하고 그냥 조용히 하고 있는데 선생님이 갑자기 와가지고, 제 손을 잡고 갑자기 막 엉엉 울면서 기도하는 거예요. 뭐 영혼 어쩌고 저쩌고 하면서 엉엉 우는 거예요. 근데 그때 나쁘지 않았거든요.

‘아 나를 위해서 기도해주는 사람도 있구나’ 생각돼 좋았어요. 그러면서 선생님이 저에게 대개 걱정 되는 눈으로 “미희야, 너 공부하는 진짜 목적이 있어야 된다"라고 말씀하시는 거예요. '무슨 말이지?' 그랬는데, 그냥 하나님이 주시는 목적이 있어야 된다는 말을 하셨었어요.

그 말을 듣고난 후 부터 이상하게 공부를 할 때마다 자꾸 그 말이 떠올랐어요. 그때 제가 의대를 가고 싶어 했거든요. 꿈이 외과 의사였어요. 근데 그 말을 듣고 한 두 세달 있다가 갑자기 의료선교사를 해야겠다는 생각이 들었어요. 그래서 열심히 했어요. 외과의사 라는 거에 완전 열정에 불타 열심으로 공부를 했어요. 사실 제 능력이나 제 머리로나 제 힘으로는, 그런 공부를 할 수 없었을 텐데…

그러다가 2학년 기말고사가 끝나고 겨울방학이 됐어요. 겨울방학이 대개 중요하잖아요. 그런데 고3 넘어가는 겨울 방학 때, 제가 갑자기 찬양 팀을 하겠다고 했어요. 초등학교 때 하고 그만 뒀다가, 교회도 안 나가다가 갑자기 찬양 팀을 하겠다고 그러면서, 주님을 알고 싶은 거예요, 그래서 고3때 성경을 보기 시작했어요.

처음엔 싫었어요. 지루하고 재미없고, 또 뭔 말인지도 모르겠더군요. 고3때 예배를 거의 매주 나갔고, 학원에서 보강 잡으면 고3인데 "교회시간 겹쳐요!" 이러고 교회가고 그랬었거든요. 그러다 보니 자연스럽게 하나하나 알아져 갔어요. 물론 선생님들은 걱정하셨어요. 그런데 먼저 이 마음이 있었던 것 같아요.

"공부보다 나한테는 지금 하나님이 더 중요해. 하나님 찾는 게 더 중요해."

엄마는 믿음이 좋으세요. 그래서 엄마는 저 교회 간다는데 아무 말 안했어요. 다만 그때 찬양 팀 했는데 교회가 먼 거리고 제가 체력이 좀 약한거는 걱정하셨어요.

고3때도 여전히 절 힘들게 하더라고요. 근데 그때는 전에는 없었던 마음이 있었어요. 여전히 계속 애들이 힘들게 하는데, "나한테는 하나님이 있다. 난 두려울 게 없다. 모든 계획 다 하나님께 있다"고 믿었어요. 조금씩 하나님 말씀이 쌓이다 보니까 그런 생각이 들었어요.

"모든 게 다 하나님 속에 있고, 다 하나님의 계획안에 있으니까 난 두려워할 필요도 없다."

설교를 통해서든지, 성경을 통해서든지, 선생님이나 아니면 친구들이, 그런 식으로 제게 말씀해 주셨어요. 고3이 짧은 기간인데 그 1년 사이에 이미 성적은 제 관심 밖이 된 거예요. 물론 고3이니까 공부는 했죠. 당연히 남보다 많이 했죠. 그러니까 서울대 왔죠. 공부는 하긴 했지만 마음에서 일단 우선순위에서 조금씩 밀려났던 것 같아요. 주님으로 우선순위가 바뀌었던 것 같아요. 정말 조금씩, 조금씩, 조금씩… 해결이 되는 거예요. 조금씩, 조금씩, 조금씩…

그냥 똑같은 상황 이예요. 상황은 바뀌지 않았는데, 내가 조금씩 바뀌는 거예요. 성경을 읽다보니까 보는 눈이 달라지는 거예요. 그냥 항상 소망이 있고, 항상 평안, 기쁨도 있고, 어떠한 일이 있어도 자신감이 있어요. 그래서 성적이 떨어졌는데도, 고3때 담임 선생님이 허걱 "김미희 애 소문 난 앤데 왜 이러지?" 막 이랬는데도요.

선생님이 처음이니까 긴장했거니, 그냥 잘 못 봤겠거니 했는데, 거기서 쪼금 오르던지 안 올랐어요. 더 공부를 해야 되는 걸 알았는데, 이상하게 공부를 안했어요. 1,2학년 때처럼 공부에 대해서 열정이 좀 덜했던 것 같아요.

저는 수시로 서울대에 왔어요. 1,2 학년 때 성적이 이상하게 잘 나왔다고 했잖아요. 사실 고3때 내신은 망했는데, 1,2학년 때는 거의 올 퍼펙트 했고 모의고사도 대개 잘 나와 은연중에 '이정도면은 서울대 의대도 갈 수 있겠다'는 마음이 있었는데, 고3때 모의고사는 푹 떨어졌고, 내신은 이상하게 열심히 공부했는데, 단위 수 높은 3과목은 2등급 중에 1등만 하는 거예요. 3학년 때 비율이 제일 많이 들어가는데 단위 수도 4단위 5단위인데 진짜 1점차이로, 문제 배점차이로 1등급 2등급 사이에 딱 걸려서 점수 팍 내려갔어요. 그래서 점수 다 깎아 먹고 의대 못 넣었어요. 제가 바라보고 왔던 갭이 너무 큰 거예요. 그래서 이미 정시로는 선생님이 갈 수 없다고 판단 하셨어요. 저한테는 상처를 안주시고, 불안해할까봐 조심스럽고 말 안 해주는데 딱 보면 알잖아요. 그래서 1,2학년 때 내신이 워낙 좋아가지고 지방 의대를 써도 넣을 수 있었어요. 서울대는 저도 꿈을 포기 안하려고 떨어져도 의대를 쓸려 했어요.

근데 이상하게 나중에는 '의대가 아니면 생명 과학부를 쓰겠다'라고 했는데, 화학생물공학부에 넣게 됐어요. 대개 생뚱 맞아요. 갑자기 선생님이 화학생물공학부에 넣으라는 거예요. 근데 제가 갑자기 순간 확 끌리는 거예요. 생명과학부보다 왠지 공대? 이러면서요. 그런데 그때 전 서울대보다 의대에 가고 싶었고 또 사람들이 "서울대나 의대 붙으면 어디 갈거니?" 그러면 "의대갈래요" 이랬는데, 1차는 의대 몇 군대랑 서울대까지 붙었어요.

근데 수능을 봤는데, 예상치도 못하게 과탐에서 뒷통수를 맞은거예요.

과탐은 평소 진짜 잘나왔었거든요. 수능 당일 날 뒷통수를 맞은거예요. 그래서 의대 최저등급이 대부분 비슷한데 못되가지고 한방에 다떨어졌어요. 그리고 서울대보다 낮은 학교도 다 떨어졌어요. 서울대 발표가 제일 마지막이였거든요. 그래서 그 발표만 기다리고 있는데, 담임선생님이 불안해 하셨어요. 제가 면접때 계속 실수 했거든요. 교수님이 저한테 "자네 상당히 부주의하군!" 이러셨어요. 그래서 그때 그말을 엄마한테 해줬더니 엄마 완전 대실망하셨지요. 발표 전날에 학교에 갔는데 선생님이 저를 불러서 "미희야 너 안되겠다(선생님도 믿는 분이셨는데). 네가 고3때 잠시 훈련기간이여서 그랬던 것 같은데, 이게 네 성적이 아니라는거 너도 알지? 서울대 안붙으면 재수해라"고 그랬어요. 그래서 저도 이제 재수쪽으로 마음 정리 하고 기분좀 풀려고 교회 친구를 집으로 불러다가 놀고있는데 그날 저녁에 갑자기 논술 선생님한테 전화가 오는거예요. 합격자 발표가 하루일찍 났다면서 "너-붙었다"고!

깜짝 놀래 가지고 엄마한테 말했더니 엄마도 안믿으시는거예요. 그래서 전화해 다시 확인했어요. 제가 1,2학년때 공부한것도 내 힘으로 한 건 아니였지만, 서울대를 붙고 생각해보니까 이런식으로 이 학교를 너무 사모하고 너무 기쁘게 오게 하신거예요. 거의 떨어질 줄 알았기 때문에 너무너무 기뻤어요. 수시도 이미 다 떨어졌는데…

사람들이 "재수해서 의대가고 싶지 않느냐?"고 물어요. 그래서 그걸 계기로 꿈에 대해 돌아봤어요. 수시를 넣을 때를, 의대를 지원할 때의 내 생각을 돌아봤어요. '내가 왜 의료선교사를 하고 싶었던 거지?' 근데 그때는 순간 내 생각을 하나님한테 끼워맞춘게 아닌가 하는 생각이 들었어요. 그리고 결론을 지었어요. 서울대 딱 붙었을 때 담임선생님도 너 진짜 서울대 갈 운명인가보다 이러시고, 엄마도 그러시고, 저 마음에도 '아 하나님이 이렇게 인도 하셨나보다 하나님의 뜻이 이건가보다'라고 생각했어요. 그리고 발표난 날이 금요일이었어요. 감사하러 철야예배에 갔어요. 그때 그냥 너무 감사하다고 기도했어요. 기도를 하는데 약간 확신이 드는 거예요. '하나님이 이 길로 인도하시는구나.' 그러면서 앞으로 일어날 일들이 기대가 되는 거예요. 그게 뭔진 모르겠는데 너무 기대가 됐어요. 대개 신기했어요.

성적이 완전 요동쳤잖아요. 근데 마지막에 완전 멋지게 확 붙었다고요. 갑자기 빵 터져가지고 딱 붙었고, 그러면서 그때 제 문제가 거의 해결됐어요. 그리고 저를 위해서 열심히 기도하시는 집사님이 한 분 계시는데 그 집사님이 아무 이유도 없이 엄마보다 더 좋을 정도로 저를 너무 사랑해 주시는거예요. 사람이 아니고 천사같다는 생각이 들 정도로!

'나와는 상관이 없는데 왜 나를 저렇게 사랑하시지?'

이런 생각이 드는데 거기서 순간 '아 예수님이 당신의 마음을 그 집사님을 통해서 나한테 보여주시는 거구나' 라고 막 믿어지는 거예요. 그 이후로 정말 은혜의 연속이었어요. 몰랐던 게 갑자기 퍼즐을 맞추는 것처럼 생각나고 그냥 무심코 지나갔던게, 너무 감동적이었어요. 그때 기도하면서 "하나님, 제가 앞으로의 내 삶을 주님한테 맡길게요. 막 이끌어주세요. 내 생각이 아니고 내 뜻이 아니고 그냥 이끌어주세요" 라고 기도 하고 지금까지 왔는데, 그리고 나니까 주님을 위해서 나도 뭔가 일을 하고 싶은 거예요. 그래서 그때부터, 교회에서 미디어 봉사하고, 찬양팀 했어요. 지금은 고등부에서 파워포인트 만들어 띄어주고 고등부 교사로 섬기고있어요. 제가 이제 청년부에 올라갔잖아요. 청년부는 선교사님께서 맡으셨거든요. 거기서 말씀 통해서 저한테 영접을 시키더라고요. 거기서 "아 내가 이제 주님의 사람이구나" 하는 확신을 갖고 12월달부터 대학교 입학하기 전까지 다른거 안하고 제가 간덴 교회 밖에 없고 그냥 주님이랑만 있었어요. 그래서 그 사이에 제가 완전히 딴 사람이 됐어요. 다 바뀌었잖아요. 지금 애들이 저를 보는거랑 고등학교때 친구들과 있는거랑 완전 다른 사람이더라고요.

언어는 제일 골칫덩이였어요. 다른 건 다 잘나오는데 언어가 자꾸 잘 안 나오는 거예요. 언어만 좀 삑사리가 났어요. 그래도 그냥 고1때부터 3년 동안 꾸준히 했어요. 저는 지루한 걸 싫어해서 문학이랑 비문학이랑 같이 했어요. 비문학도 하루에 두 지문 정도요. 그것도 대개 오래 걸렸어요. 두 지문 하는데 한 시간 넘게 걸렸던 것 같아요. 왜냐면 푸는 데는 10분 밖에 안 걸리는데 그 다음에 단원별로 보면서 중심 문장 체크하고 연습 하는게 많이 걸려요.

비문학 같은 경우에는 단원별로 문단별로 중심 문장 찾아 적고, 그 다음에 주제 적고. 그렇게 해서 문단별로 그 관계를 따지고, 접속어나 포인트 같은것 찾고… 처음에는 조금밖에 연습이 안됐는데 하다보니까 감이 생기잖아요. 그럼 늘잖아요. 그러다 보니까 쌓이고, 쌓이고 쌓이다 보니까 그냥 풀이 하면서 계속 늘었던 것 같아요. 쌓고, 쌓고, 쌓고, 처음에는 바로 안 드러났는데, 점점 가면 갈수록 점수가 안정적으로 나오더라고요. 나중에는 비문학은 어렵지 않았어요. 시간도 맞았고. 근데 점수가 한 6개월 동안 잘 오르질 않았아요. 힘들어요. 근데 그것만 견디고 나면 되더라고요.

그리고 문학 같은 경우는 공부라는 생각보다 그냥 즐겼던 것 같아요. 특히 시나 이런 거 보면 신기하잖아요. 이해가 안 되던 신데, 이런 의미가 있구나 하고 편하게 공부했던 것 같아요.

수학은 어렸을 때부터 꾸준히 한거 같아요. 그래서 수학은 자신감이 있었는데, 제가 이과로 내게 수학이 좀 어려운거예요. 수학이 어렵다고 느껴진게 고2 와서 처음 이였거든요. 물론 지금은 수학이 더 어렵죠. 근데 저는 수학은 제가 잘 하는걸 좀 살렸던 것 같아요. 제가 문제는 좀 약했고, 개념이 빠삭했어요. 그래서 제가 좀 잘하는 파트에 투자하는 것이 못하는 거를 보완하려고 투자하는 시간보다 훨씬 효과적이더라고요. 그러다보니까 부담감이 덜해지고 자연스럽게 하나씩 풀어졌어요. 문제 풀이는 그런 식으로 극복했고, 제가 못하는 부분은 인강으로 조금 채웠어요. 근데 수학은 혼자 하긴 힘들어요. 수학을 엄청 즐기는 수학 벌레 같은 애들 아니면 혼자 하긴 힘든 거 같아요.

과탐은 제가 과학을 좋아했어요. 신기하니까요. 그리고 고2때 열심히 했던 공부가 고3때 이어지는 거 같았어요. 내신은 거의 개념을 알아야 되는데, 저는 개념 읽고, 노트에 정리했어요. 즐겼어요. 제가 하고 싶은 방식대로 공부 했어요. 그러면서 제가 무작정 하고 싶은 것 만하는 게 아니라, 중요한 거 같은 경우는 짚고 넘어 갔어요. 고등학교 공부 때 제일 중요한 건 수업시간에 잘 듣는 거예요. 그래야지 중요한 걸 알고, 공부하는 속도가 빨라지더라고요.

영어는 중학교 때 외고반때 공부했던게 거의 다 잡아 먹었어요. 그래서 영어는 특별히 힘든걸 못 느꼈었는데, 자만하면 안 되더라고요. 자만하면 떨어지는데, 그때는 영어 수준이 약간 올라와 있어서, 문제 풀면서 했어요.

저는 그게 안 됐어요. 저를 인위적으로 쪼을수가 없더라고요. 그래서 그냥 저를 배려했어요. 처음에는 공부할 때 막 쪼잖아요.

'아 왜 못했지? 아 또 어겼네? 아 또 놀았어!'

그랬는데 나중에는 안 그러고 나를 배려해가지고, 내가 좀 힘들다 싶으면 나한테 맞췄어요. 물론 중요한 것과 전체 틀은 잡았어요. 1년을 먼저 잡고, 고1때는 3년 계획을 대충 먼저 세웠어요.

선생님들이 처음에 좀 잡아 주시는데 그때 잘 들어야 되요. 처음에 잘 듣고, 일단 3년을 잡으면 1년 동안 뭘 해야 되는 게 눈에 보이거든요. 그러면 나중에 나머지 2년은 놔두고 1년 동안 해야 될 거를 잡아가지고, 여름방학, 겨울방학 지점이나 중간고사, 기말고사 그런 걸로 크게 크게 잡아서 대충 대충 잡아놔요. 그러다보면 '이번 달에는 뭘 해야겠구나. 한 달 동안에는 어느 정도 하면 맞겠구나'라는게 있잖아요. 너무 세세하게 안 잡고 뭉뚱그려서 잡은 다음에 그냥 한 달 계획 보고 일주일에 한 번씩 체크하고, 체크하면서 또 한 달 동안 이정도 하면 맞는 거 같은데… 이번 주는 이정도 하면 맞겠다 하면서 자연스럽게 하고, 하다가 힘들면 몇 개 빼던가, 아니면 뒤로 미루던가 하면서 편안하게 짰어요. 그런데 집중력이 중요하죠.

맞아요. 힘들죠. 저는 자전거 타기를 했어요. 그리고 성경 봤어요. 1,2학년 때는 선생님들이 해준 성경 말씀이였어요. 근데도 그게 상당히 도움 됐었어요. 고3때는 제가 성경 보기 시작했는데, 사실 성경책 매일 학교에 들고 다녔어요. 독서실에도 하나있고, 집에도 하나 있고, 학교에는 들고 다녔어요. 힘들 때 스트레스 푸는 거라면 자전거를 타고 통학을 했는데 좀 세게 달리죠. 힘들때 찬양 들으면서 성경을 항상 봤어요. 특히 힘이 됐던 성구 있어요.

"내게 능력주시는 자 안에서 내가 능치 못할 일이 없음이라."

빌립보서 4장 13절이었고, 찬양은 "새 힘 얻으리." "주를 바랄 때"였어요.

신앙이 먼저라고 생각해요. 신앙이 먼저라는 건 사실 누구나 알고 있어요. 그런데 그거 못하는 거는, '이거 내가 신앙 찾다가 하나님 찾다가, 시간 뺏기게 되고, 학원을 못가서 성적 떨어지면 어떻게 하지?' 이런 두려움 때문인 것 같아요. 근데 주님은 그렇게 능력 없으신 분이 아니거든요. 제가 많이 후회했던 게, 내가 주님 곁에 있는 시간이 아까워서 그 시간에 공부를 한건데 그 자체가 주님을 믿지 못하고 신뢰하지 못하는 거라 생각해요. 주님이 그렇게 능력 없으신 분 아닌데 주님을 내가 너무 초라하게 만들었었구나 싶어요.

솔직히 '공부를 위해서 신앙을 접는다?'는 대개 웃겨요. 공부를 하기 위해서 신앙을 접는다?거나 신앙 땜에 공부를 잘하게 된다? 보다는, 초점을

“내가 하나님께 모든 걸 맡기면 하나님께서 다 이끌어 나가신다. 다 주도해 나가신다. 그것이 나한테 가장 좋은 것이 된다”라고 초점을 가지면 좋겠어요. 나중에 돌아보면 당연한 거거든요. 진짜 확신을 하거든요.

비전이 있다면?

제가 서울대 ccc멤버가 된 것은, 고3때 독서실 다닐때 독서실 언니가 크리스천이셨어요. 그래서 그 언니와 대개 많이 친해 졌어요. 그 언니가 ccc를 말해 줘서 왔어요. 서울대에 합격 했다고 할 때 서울대 ccc간사님 중에 친한 간사님이 자기랑 친한 오빠래요. 그래서 다음날 바로 ccc에왔거든요. 지금 너무 기대가 되요. 지금은 주님이 저에게 뭘 시키실지 모르겠어요. 근데 사실 그때 제가 접었던 마음이 지금 조금씩 다시 되살아나고 있어요. 의료선교사가 조금씩 되살아나요. 마음속에 약간 다시 불이 지펴진 거 같은데, 아직 모르겠어요. 그것보다는 주님이 이끄시겠죠.

더 하고 싶은 애기

어젠가 그저 깬가, 문자를 하나 받았는데. 누가 말씀을 찍어서 보내줬어요.
“나의 이익을 위해서 사는 것이 아니라 하나님의 음성을 들으면서 사는 사람이 되자.”
근데 진짜 생각해보면 주님 없인 못살 거 같아요. 너무 힘도 없고, 할 수 있는 것도 없고, 그리고 하나님을 떠나서는 대개 헛되다는 생각이 들어요. 하나님이 나를 지으셨고, 내가 나를 아는 것보다 하나님이 나를 더 잘 아시는데, 내가 나를 알고 내 삶을 내가 이끈다는건 교만인 것 같고, 사실 두려워해야 되는 거거든요. 그래서 주님을 선택했으면 좋겠어요.

후배들 중에 고민할 애들 분명히 있을 거예요. 저도 처음에 선택할 땐 이런 생각이 들었어요.
'아니 왜 내 삶인데 왜 이걸 드려야 되지? 내 삶인데 왜 내가 하나님을 위해서 일을 해?'
그렇게 교만한 마음을 품었던 것 같은데 주님 한다면 하시는 분이니까 부르실 때 빨리 오라고 말하고 싶어요.

04
못들어 올 것 같다고
생각하지 마십시오!

김경민
서울대학교 경영대학
경영학부 1학년

저는 서울대는 그냥 먼 이상한 나라의 엘리스처럼 나하고는 딴 세계라고 많이 생각했어요. 고등학교 1학년때는 뭣도 모르고 그냥 교대 사대 막 이런 것만 생각하고 있었죠. '내가 어떻게 서울대를 가겠어?' 라는 생각을 많이 가지고 있었죠. 왜냐면 제가 다니던 중·고등학교가 지방이였기 때문에, 또 지방도 아주 쫌 지방이였기 때문에요.

저는 경북 영천이라는 곳에서 왔거든요. 좀 많이 낙후된 곳이기 때문에 아예 상상을 못했죠. 그 지역에서 서울대에 한 두명 갈까 말까 였기 때문에 내가 그만큼 위치에 오를 수 있다고는 생각도 하지 않았습니다. 그렇게 해서 1학년때는 뭣도 모르고 그냥 지냈었고, 2학년때부터 제가 기숙사에 있었기 때문에 여러 선배들 대학 진학하는 거를 보면서 부터 관심을 갖게 된거예요. 기숙사 학교는 아니였는데, 그냥 공부 환경 때문에 들어갔었어요. 꼭 지방이라고 그런 건 아닌데 저희 학교에는 기숙사가 있었어요. '아 나도 지금 이러고 있으면 안 되는데' 라는 생각이 2학년 때부터 조금씩 조금씩 든 거 같아요. 그래서 과도 조금씩 알아보고 했어요.

저희 누나가 저랑 3년 터울인데 경영학과를 갔었거든요. 그래서 누나가 다니니까 많이 들어봐서 경영학과, 경영학과, 이렇게 알고 있었어요. 저는 외교쪽으로 관심이 있었어요. 그러니까 세계의 문제라던가 국제적이라던가 그런 것에 관심이 있어서 경영학과를 갈지 외교학과를 갈지 많이 망설였어요. 그래서 2학년 때부터 점점 깊이 생각 하면서 3학년 때는 이제 두 과중 하나를 가야되겠다 라는 생각이 든거예요.

근데 어머니께서는 이과를 가기를 원하셨어요. 부모님들 직업이 한의학 계통을 하시기 때문에, 한의대라던가 의대, 치대 쪽으로 가주길 바라 셨어요.

저는 이과랑은 별로 흥미가 없어요. 영어를 그렇게 잘하는건 아니지만 영어를 좋아했었고, 역사라던가 사회과목을 굉장히 좋아했었거든요. 이 과는 내 체질이 아닌거 같아서 결국엔 문과를 오게 됐지요. 문과에서는 외교학과 아니면 경영학과 둘중에 하나를 해야되겠다는 생각을 많이 했 었어요.

원래는 외교쪽으로 마음을 잡고 있었는데, 여러 친척분들이라던가 사 람들을 만나면서 물어보면 "외교학과 가서 외무고시 안하면 뭘하겠느냐 ?"라는 말을 많이 들었어요. 그리고 또 "외무고시 준비하려면 돈이 얼만 데, 네가 해외로 나갈 여력이 있느냐?" 이런식으로 말을 많이 들었어요. 사실 제가 그때도 비젼이 딱 정확하게 잡혀있었던 때도 아니였기 때문에, '내 욕심으로 갈려는건가?' 라는 생각이 조금 드는 거예요. 결국에는 고민 하다가 그래도 경영학과가 갈 수 있는 폭이 가장 넓으니까 경영학과를 오 게 됐죠. 사실 그래서 진로에 대한 고민을 아직까지도 많이 하고 있어요. 근데 저 같은 애들이 분명히 많을걸요.

고등학교 때
입학 성적은?

잘하는 애들은 다 포항이라던가 대구로 나가 버 리기 때문에, 저도 나갈까 말까 조금은 망설이기는 했었어요. 근데 밖에 나가서는 잘 안될거 같은 불안 감이랄까?가 있었고, 그리고 뭐 지역경제를 살리자! 그런게 좀 많거든요. 그래서 농촌에 남았는데 그래도 다행이도. 성적은 잘 나오는 편이였어요.

저는 중1때 부터 공부에 매달렸다고 보시면 돼요. 중1, 중2, 중3, 고1, 고2, 고3때까지 계속 시험에 억매였어요. 중학교 1학년 때부터 성적에 조금 집착했어요. 누구나 인생에 있어서 딱 잡아야할게 있어야 하는데 저는 중1 때부터 시험 성적으로 잡았거든요.

언어는 일단 사람들이 많이 말하잖아요. 점수가 잘 안오른다고요. 저도 선배 들한테 많은걸 들었지만 어떻게 공부해야 되는지 잘 모르겠는 거예요. 그래서 ebs교재를 많이 이용했어요. TV로 방송하는게 있고 인터넷으로 방송하는 게 있기 때문에 부교재도 많이 이용 했었어요. 그리고 다른 문제집이 비싸잖아요. 참고서나 문제집이 ebs는 좀 싼 편이였고, 그리고 수능에도 ebs가 많이 나온다고 듣고, 한번씩 '아 이런게 나오는구나' 체험도 해봤었기 때문에요. 나머지는 학교에서 사라고 하는 보충교재는 어쩔 수 없이 샀어요. 저는 ebs교재를 많이 애용했다고 보면 돼요.

공부하면서 감을 잃지 말아야 된다는 게 저도 막 느꼈거든요. 언어영역을 안 풀다가 딱 접하면 빨리 제시간 안에 못 풀겠는거예요. 그래서 저는 시간을 정해서(이것도 흔한 거 같은데) 한 지문당 몇분, 시간을 딱 정해놓고 체크 해가지고 풀었어요. 푼 다음에 모르겠는거 모아 또 풀었는데, 시간 안에 풀었으면 '아 잘했다' 하는거고, 만약에 시간을 오버해서 풀었으면, 이 지문이 어려운건가 아님 내 실력이 딸리는 건가 피드백을 하려고 노력 했었죠.

그리고 또 읽는 습관은 쭉 읽다가 한 단락씩 끊어서 읽었어요. 줄을 좍 긋는건 아닌데 한 문장이 끝나면 체크를 해요. 읽었느냐 안 읽었느냐 저 혼자 확인하는 수단이었죠. 그냥 멀뚱멀뚱하게 보니까는 잘 읽히지가 않 는거예요. 특히 시간도 정해져있고 긴장되니까 잘 안읽혀져서 연필이라 던가 샤프로 한 단락 한 문단이 끝날 때마다 착착착착 그으면서 내가 이 것을 이해했나 안했나 확인해 보려고 많이 했었습니다.

수학은 예전부터 좀 싫어했어요. 고1 때 부터 모의고사를 치잖아요. 그 러면 수학 점수가 항상 극과 극으로 갈리는 거예요. 제가 수학은 공포증 을 많이 가지고 있다고 느껴요. 그래서 어쩔때는 90몇점 나오다가 어쩔때 는 70몇점으로 곤두박질 치는거예요. 수학 칠 때마다 다른 과목을 칠때보 다 많이 불안해서 1학년 때 부터 시험 칠 때 마다 기도 했거든요. 다른 과 목에 비해서 수학 칠 때는 더 매달리기도 했었는데, 2학년 3학년부터는 모르면 모르는 대로 많이 마음을 편하게 먹었어요. 주변 사람들의 조언도 많이 들었었고… 모르는 문제가 나오면 좀 웃긴 말 일 수도 있지만 제발 답이 보이게 해 달라고 기도했어요. 그렇게 해서 잘 보인 적은 없었지만 요. 여하튼간에 어려울 때는 주님께 절실하게 매달렸어요.

수학공부는 1학년때 정석을 많이 봤었는데, 저는 수1만하니까 2,3학년 때는 오히려 정석을 안봤어요. ebs를 많이 애용했거든요. 기출문제 자주 자주 풀었죠. 근데 저는 수학을 언어처럼 꾸준히 많이 안했어요. 역시 모든 과목에 있어서 감을 잃지 말아야 된다는걸 제가 많이 느꼈던것 같아요. 수학에 있어선 부담을 안 갖는게 중요한거 같아요. 저 뿐만아니라 수험생들이 모든 과목보다도 수학에 응어리같은걸 많이 가지고 있거든요. 그리고 아예 포기해 버리는 애들 많고요. 그러니까 내가 마음이 불안할 때 다른 사람들도 많이 불안해한다는 걸 알고, 어느 정도 하면 그게 언어 보다는 훨씬 더 점수로 바로 직결이 되는거 같으니 희망을 가지고 조금씩이라도 하는게 필요한 거 같아요.

외국어는 좋아했어요. 제가 초등학교때부터 팝송을 많이 즐겨 들었거든요. 그래서 초등학교 때부터 돈이 생기면 팝송 테이프나 CD 사는게 취미 였어요. 영어 노래를 들으면서 멜로디는 좋은데 가사를 다 파악할 수 없으면 사전으로 찾고, 리스트 같은거 적어서 막 달달달 외우고 다녔어요. 근데 중학교 때 쓰는 단어가 많이는 안 어렵잖아요. 그리고 고등학교때 많이 어려워지잖아요. 중학교때 제가 찾았던 단어가 고등학교 때 어려운 단어로 등장 하는거예요. 중학교때 뭣도 모르고 그냥 '어 이게 뭐지?' 하고 사전보고(그때는 전자사전도 없어가지고) 찾아서 막 적고 했었는데, 그랬던 경험이 고등학교 오니까는 '어? 이거 봤던건데,' '어? 이거 내가 아는 노래 가사의 어느 부분인데…' 이게 딱딱딱 머리에 박히는 거예요. 중학교때 팝송을 들은게 헛된 게 아니였어요. 제가 팝송 부르는 걸 즐겨했기 때문에, 영어 할때는 특히 팝송으로 영어를 많이 접하고, 그래서 영어에 부담감도 없어졌고, 단어도 팝송을 들으면서 많은걸 알게 되었어요.

영어는 특히 수능은 한계점 아닌 한계점이라는게 정해져 있잖아요. 나오는 단어라던가, 나오는 문법이라던가 어휘라던가 정해져 있으니까 어느 수준까지만 가면 더 이상 외울 필요가 없는거예요. 그래서 선생님들 말씀에 의하면 수능을 중심으로 한다면 고1,2 때 해놓으면 고3때 영어 할게 없다 그러셨어요. 저도 고1 때까지 영어 단어를 빡세게 외우고 고2, 고3때는 제가 모르는 것만 공부했어요. 사탐하고 언어하고 수리에 많이 투자를 했었죠.

영어는 고1 때도 수능 쳤을때 100점정도 나왔어요. 어느 정도 까지만 하면 수능 더 이상 공부할 게 없어요. 근데 그 어느 정도까지가 애매모호하지만… 영어 공부할 때 수능은 단어가 중요한 거 같아요. 그래서 영어를 잘 치려면 매일 단어 외우기가 중요한거 같아요.

단어 외우면서 즐거운 느낌이 중요한거 같아요. 내가 모르는 지식을 쌓아가고, 내가 모르는 단어를 알고, 그래서 내가 영어를 해석할 때 내가 아는 단어가 나오면 기쁨을 느끼는거… 성취율도 높이죠. 제 친구들도 20몇점이였는데 고2때 1년하니까는 70몇점이 되는 거예요. 그 친구가 유별난 게 아니라 나머지 애들도 한 1년 딱 하니까 반 평균이 20점 이상 올랐어요.

애들이 저한테 "어떻게 영어를 잘하냐?"고 많이 물어봤었거든요. 그럼 저는 방금 말했지만 단어를 외워야 된다고 말해요. 특히 영어는 우릴 배신하지 않아요. 그렇다고 해서 뭐 갑자기 귀가 빵빵빵 뚫리는 건 아닌데, 친밀감을 많이 쌓는게 중요한거 같아요.

저는 영어와 문화에 대한 관심이 많거든요. 제가 세계쪽으로 관심이 있다고 했잖아요. 그러니까 막 찾아보고, 팝송 가수들 소식 같은거 타블로

이드나 잡지에 나온 영어 기사 저 혼자 해석했는데, 그런 식으로 흥미를 높이는 게 중요한거 같아요.

자기가 좋아하는 분야에 영어 뉴스라던가, 게임을 좋아하면 게임에 관련된 그런 거 많잖아요. 그런식으로 자기가 적극적으로 찾아 내서 흥미를 불러 일으키는게 중요한거 같아요.

사람은… 저는 역사를 많이 했어요. 국사하고 세계사하고 근현대사 한꺼번에 다 했어요. 국사는 서울대 들어오려면 문과에서는 필수적으로 해야되는건데, 근현대사도 자주 하는데 세계사는 11개중에 가장 적게 해요. 너무 방대하고, 세계사이기 때문에요. 저는 어짜피 역사하는 겸에 같이 연관되서 하는게 전체적으로 볼 수 있어 좋아요. 과탐은 잘 모르겠지만 사탐은 뭔가 총체적으로 보는거, 전체적으로 확인할 수 있는거, 그런 느낌을 갖는게 많이 중요한 거 같아요.

고3때 책 한권에다 모아 매일 그걸 보는데, 특히 역사는 그게 너무 중요해요. 역사는 자료가 방대하기 때문에 한꺼번에 모아 내가 보고싶게 만드는 거예요. 역사라도 드라마던가, 사극이라던가 역사를 접할 수 있는게 많잖아요. 그런 것도 한번쯤 관심 갖으면 좋아요. 역사는 교과서만 본다고 잘 할 수 있는건 아닌거 같아요. 자기가 흥미감을 불러 일으킬 수 있는 뭔가를 찾아서 그것을 자기가 아는 역사와 같이 접목시켜서 할 수 있는거, 실생활과 접목시킬 수 있게 하는 것이 중요한거 같아요.

내신관리비법

중학교1학년때부터 내신에만 피터지게 몰렸었기 때문에, 고등학교땐 학교 수업을 잘 안들었어요. 너무 지방이다 보니 몇몇 선생님들 빼고는 수업이 그리 탐탁치 않았는데, 내신에서는 무조건 선생님들이 왕이시잖아요. 그러니까 내신 기간 때는 선생님들 말씀 하나하나 캐치하려고 했어요. 장난으로 던질지라도 그게 혹시 나올까 싶어서 다다다다 적었어요. 저는 필기는 진짜 열심히 했거든요. 한마디의 말도 놓치지 않을려고요.

중간고사라던가 기말고사 시험 일정이 잡히기 3주일 전부터 공부를 했어요. 아직 범위가 안 나갔잖아요. 그래서 저번에 한거 그 다음부터 그냥 무조건 밀고 나가는 거예요. 하루에 다 보려는건 아니고 하루에 세과목씩 봤는데, 시험치기 전에 한 다섯 번? 여섯 번? 그렇게 봤어요.

특히 내신은 수능하고 다른게 정해진 범위 안에서 암기가 주가 될 수 밖에 없잖아요. 그래서 저는 잘 못 외우기 때문에 자주 자주 보고, 포스트잇 같은데다가 지리라던가 역사라던가 영어라던가 국어라던가 작가 이름이라던가를 다 적어가지고, 제가 항상 볼 수 있는데에 화장실이나 칸막이 책상이 있는데에 붙여놓고 매일 아침 씻고 챙길 때 보는거예요. 그래서 항상 제가 있는 곳에는 언제나 외우려는, 외우고, 외워야 되는게 옆에 있었어요.

내신할 때도 시험칠때마다 항상 기도했어요. 중1때부터요. 나 잘치게 해달라고, 어릴때니까요. 제가 어릴 때는 신앙적으로 별로 성숙하지 못했거든요. 점점 시간이 지나면서 잘 못 친 것도 생기고해서 주님 뜻에 맞게 해 달라고, 제가 열심히 한 만큼만 나오게 해 달라고 기도 했어요.

스터디 플래너 같은거 애들 막 적는데 저는 귀찮아서 못 적는거예요. 근데 그렇다고 해서 제가 아예 계획을 안 짠건 아니예요. 뭐 딱 적어가면서 한 건 아닌데, 그냥 머리속으로 생각하고 그날에 그날 할 거 연습장에다 적었어요. '국어를 한시간 반 본다고 하면 수학은 한시간 좀 쉬다가 하고 영어 단어 한 시간 외우고, 사탐 한시간 보고 자자' 이런식으로요. 그렇게 계획은 항상 세우려고 노력 했어요.

잠은 고1 때부터 항상 6시간 정도 잤어요. 제가 기숙사에 살았기 때문에 6시반에 항상 일어나야 됐거든요. 그래서 12시반 아니면 1시에 잤었어요. 늦게 잘 때도 있는데 주로 시험 기간 때는 오히려 더 빨리 잤어요. 왜냐면 제가 3주전부터 봐놔서 질리는거예요. 너무 많이 보면 진짜 질리거든요. 그래서 '아 빨리자야지' '내일 아침에 봐야지'했죠. 늦게자면 효율이 안좋아요. 머리가 안 돌아가요. 잠오고 막 짜증나고… '잠도 못자고 내가 뭐하는 짓이냐?' 그런식으로 생각이 들어서 저는 고등학교 생활을 오히려 편안하게 했어요. 빡세게는 안했던 것 같고, 마음에 여유를 가지려고 노력을 했던 것 같아요.

저는 초등학교때부터 무조건 다녔었는데, 별로 흥미가 없었어요. 그냥 선물주니까 다니고 그런 식이였는데, 중학교 때부터 조금씩 마음과 함께 잘 믿어야 된다는 열망이 강했지만 노력은 하지 않았어요. 그러다가 제가 중3 때 중학교와 고등학교 그 사이에 가정이 환경적으로 많이 힘든 일을 겪었었거든요. 제가 처음에 공부에 집착한다고 말씀드린건, 가정 환경에서 제가 너무 많이 불안해 했기 때문이에요. 가정환경이 항상 불안해 있었기 때문에 그것을 달랠 수 있는 수단으로 공부하고 신앙을 잡았던 거죠.

근데 사람들이 많이 그러잖아요. 종교는 힘든사람들이 잘 믿는거라고요. 그런 편견을 많이 가지고 있었는데 저는 힘들어 봤기 때문에 일리가 있는거 같아요.

일단은 많이 힘들어서 많이 기도했어요. 고1 때부터 주르륵 고2, 고3때까지요. 고1때가 많이 힘들었어요. 아버지가 많이 아프셔서요. 제가 고1 때 대학교에 대해서는 아무 생각없이 살았다고 그랬잖아요. 아무 생각없이 살았던게, 대학교 걱정이 아니라 가정생활 걱정을 하고 살았던 거예요. 그래서 집에 가기싫어 주말에만 집에 갔었거든요. 가정이 너무 불안해서요. 맨날 싸우고 저도 덩달아서 막 싸우게 되고 마음도 더 불안해 지기만 하는 거 같고. 그래서 일요일은 교회에서 위안을 얻었어요. 그런 불안한 환경이지만 교회에서 위로와 위안을 받을 수 있었어요.

고2 때도 좀 불안했어요. 고1 때가 완전 불안했었고요. 제가 겉으로는 잘 드러내는 성격이 아니지만, 속으로 많이 앓고 있는 성격이예요. '속으로 앓고 있는 것을 아실 분은 주님뿐 이다' 라는 생각을 많이 가지고 있었어요. 내가 앓고 있는거나 아무한테도 말 못하는 비밀이라던가 그런걸 정말 주님 만이 알고 계시고, 정말 주님께서 내 모든것을 지켜보고 계시고, 그래서 나를 이끌어 주실거라는 확신을 (어쩔 수 없이 아무런 방법이 없었기 때문에)잡았던 거죠.

고2 때 수련회를 가게 됐어요. 중학교때 간 적도 없는데, 고2 때 가게됐는데. 그때 수련회 주제가「변화」였거든요.「변하자! change!」그 수련회를 갔다온 후에 계속 '내가 지금 과연 변화가 된건가?', '내가 지금 변화하려는 마음은 가지고 있는건가?' 라는 생각이 많이 들었어요. 그러니까 조금 조금씩 정말 조금조금씩 제 신앙이 그래도 성숙해져 나갔던 것 같아요.

그래서 찬양 부를 때도 예전에는, 별 감흥 없었는데 고등학교 때는 한곡을 부를 때마다 주님이 제 마음을 막 어루만지시는거 같고… 그런걸 너무 많이 느꼈어요.

저는 임원은 안 맡으려고 그랬어요. 감정이 좀 상반된게 임원 맡으면 피곤할거라는 생각이 있었는데 교회에서는 임원이 아닐지라도 열심히 활동을 했어요. 정말 열심히 다녔어요. 오히려 고3 때는 주일에 교회에서 살다가 바로 밥만먹고 기숙사 갔어요. 그러니까 시험 때문에 점점 더욱 더 바빠야 하는 시기에 저는 더욱더 주님을 가까이 했어요.

제가 철칙이 있었는데 평일 월화수목금토 학교에 있을 때까지는 열심히 하는거예요. 주말부터는 이제 제 시간인 거예요. 그래서 주일은 공부 안하는 시간이었어요. 그런 식이 신앙적이였는지, 개인적이였는지는 모르겠는데, 일단은 저 개인적으로 그렇게는 마음을 먹었어요.

저는 무조건 쉬는 시간에도 공부하고, 학교에서 밥먹고 공부하고, 자기 전에 공부하고. 진짜 공부에 얽매였거든요. 공부라는 갈고리에 딱 매어져 가지고 무조건 공부만 한 거예요. 저는 게임도 안해 할 게 없었기 때문에 공부했다고 보면 진짜 맞을 거예요.

근데 너무 매일 그러면 인간이 피폐해지잖아요. 그러다 주말에는 그래도 제 시간을 가지고 저한테 여유? 릴렉스? 쉴 시간을 주어야 하고, 주일은 내 마음을 다질 시간이 필요해서 주님과의 교류라고 해봤자 아직도 많이 부족하지만 교류를 느낄 수 있는시간을 가졌어요.

고3때 는 가정환경이 좀 안정 됐어요. 그런데 한 번은 집중이 잘 안되는 거예요. 그러니까 고1,2 때 뭘 보고 있으면 초점이 맞춰지는데 고3 때는 초점이 안맞는거예요. 뭔가 뿌연거예요. 제가 뭔가 붕 떠 있어서 내가 왜 이러지 라는 생각을 많이 가졌었고, 그것 때문에 병원을 가야되나 우려도 했어요. 그래서 목사님께도 찾아가서 많이 상담했어요.

저는 고1 겨울방학때 「긍정의 힘」이라는 책을 읽었는데, 그때가 가정적으로 많이 힘들었는데 그 책을 보면서 너무 많은 감동은 얻은거예요. 제가 많이 흔들렸었는데 주님께서 내 모든 길을 예비해 놓으셨고, 내가 지금 하고 있는 일까지 다 알고 계신다는 그런 확신이 크게 들었어요. 제 자신에 대한 긍정의 힘을 느꼈어요. 그 책을 읽고 난 후 부터는 학업에 있어서는 스트레스를 안받았어요. 힘들 때마다 긍정적으로 많이 생각했어요. 주님께서 날 보신다는 믿음이 있었어요. 그러니까 아무리 쓰러져도, 뭐 수능성적이 안 나올지라도 언젠가는 주님께서 날 올바른 길로 이끄실거라는 믿음으로 많이 버텼던 것 같아요.

찬양은 「아바아버지」가 많이 가슴에 와닿았어요. 고2 수련회때 많이 불렀었는데, 너무 감동적이고 가슴을 많이 찔렀어요.

성구요? 고3 때 부터 매일 성경을 읽으려고 노력을 했어요. 이건 좀 우연일 수도 있는데, 면접일이 11월 28일이였거든요. 교회 사람들한테 11월 28일이라고 면접 잘 보게 기도해달라고 부탁을 드렸어요. 그때 어느 분이 날짜에 맞춰서 마태복음 11장 28절을 펴보라는거예요. 딱 폈어요. 근데 "수고하고 무거운 짐진자들아 다 나에게로 오라. 내가 편히 쉬게 하리라"라는 구절이 내 가슴에 딱 꽂히는거예요. 그러니까 제가 이때까지 겪어온 그 과정을 짐이라고 볼 수 있고, 고난이라고 볼 수 있었는데 그 고난을 이제 주님께 드리라는거예요. 정말 너무 좋았어요. 너무 많이 힘들었었거든요. 많이 불안했었고. 근데 그 말씀 하나로 쉼과 큰 힘을 얻게 되었어요.

저는 고2 말때 부터 공부하기 전에 무조건 조그마한 성경책으로 잠언이라던가 마태복음, 마가복음을 많이 읽었거든요. 그런데 그게 어떤 날은 읽으면서도 그냥 지나가요.

'그래, 이렇게 말씀 하셨구나. 하나님 아버지 감사합니다. 이제 공부 열심히 할 때 임재해 주소서.'

이런 식으로 그냥 넘어가는 날도 있는데, 어떤 날에는 어떤 말씀이라고 딱 꼬집어서 말 할 순 없는데 그 말씀이 저를 딱 잡을때가 있어요. 말씀으로 뭔가 찌리릿 그런게 많이 느껴졌어요. 공부하기 전에 그런걸 느꼈어요. 그리고 찬양도 mp3에 ccm 한두곡씩 넣고 힘들면 한번씩 ccm들으면서 막 감사하면서 막 울면서 감정을 해소시켰어요.

네. 주일에 좀 쉬고 싶다는 마음도 있었지만 일단 개인적으로도 철학이 있었어요. 시간이 가면 갈 수록 제 삶에 조금씩 변화가 있었거든요. 제 삶의 변화를 제가 직접 조금씩 느낄수가 있었어요. 그러니까 가정 환경때문에 많이 불안했던 것이 점점 더 안착되어가고, 저희 어머니께서도 원래 교회를 안다니셨는데 제가 고1 말부터 교회를 다니시기 시작하면서 점점 가정이 조금씩 조금씩 안정이 된거 같아요. 주님이 내 삶에 딱 간섭해 가지고 짠 하는건 아닌데도 주님께서 다 보장해 주신다는, 주님께서 다 알아서 해주신다는 말씀에 매달렸던 것 같아요.

공부와 신앙의 관계에 있어서는 항상 신앙에 매달렸어요. 다 채워주신다는 말씀을 믿었어요. 내가 아무리 해봤자 발버둥 쳐봤자 예전 상황에서 아무것도 할 수 없었는데(예전에는 저 혼자 하려고 했었는데 아무것도 안되고 너무 힘들어하고 너무 울고 그랬었는데) 주님의 역사로 점차점차 해결되고 믿게 되었어요. 내가 지금은 이해 할 수 없지만 나중에 주님 보시기에 합당하신 방향으로 인도하는 걸 믿고, 그렇게 따라 갔기에 주일 예배 참석 시간을 아까워하지 않았던 것 같아요.

둘 다 부족한 선밴데, 일단 무엇보다도 교회에 가서 예배하고 기도하고 말씀 읽는 시간은 절대 아까워하지 말아야 합니다. 한번씩 내가 합리적이라고 생각하는게 과연 합리적인가, 내가 보고 있는 시각이 올바른 건가라는 생각을 해봤으면 좋겠어요. 세상에 휩쓸리지 않고 주님 보시기에 합당하게 살아야 돼요. 사람들이 '일요일날 교회 안가고 공부하는 게 낫지'라고 많이 말하잖아요. 그런데 왜 그 시각이 옳다고 믿는건지 … . 주님이 말씀하셨는데 왜 신앙적인 시각을 틀리다고 생각하는 건지 모르겠어요. 이제 그걸 바꾸는게 필요해요.

그리고 공부에 있어서는 감을 잃지 말고 계속 꾸준히 해야해요. "좀 놀다하지 뭐!" 그런 마음은 아닌 거 같아요.

토요일 일요일은 잘 놀았어요. 시험기간에도 토요일, 일요일엔 놀았어요. 수능 때도 수능 전에도 토요일, 일요일엔 잘 놀았어요. 그러니까 마음

컨트롤이 중요한거예요. 놀때는 놀고, 공부할 때는 공부하고, 기도할때는 기도하고, 예배 할때는 예배하는 마음. 딱딱딱!

　많이 힘들지라도 그런 마음을 어릴때 그러니까 고1 때부터 딱딱딱 다져 놓으면 디딤돌이 되고 주춧돌이 되요.

서울대 못 들어올 거 같다고 생각하지 마세요. 저도 생각도 안했었는데 제가 지금 여기 와있고, 주님 말씀에도 아무리 높은 꿈이라도 주님께 기도하고 간절히 바라면 무엇이든지 이루어준다는 말씀이 있잖아요. 그런 말씀을 붙잡고 계속 기도하면서 그만큼 노력하는 마음을 갖는게 아주 중요해요. 그리고 자기 자신에 대한 믿음, 신뢰감, 기쁨 등 긍정적으로 많이 생각했으면 좋겠어요.

05
인생의 목표를 찾으십시오!

이영범
서울대학교 공과대학
화학생물공학부 1학년

고등학교때 의대를 목표로 계속 공부를 했고 그래서 수시 같은 것도 다 의대로 지원을 했었었는데 부모님께서 혹시 모르니까 서울대를 특기자 전형으로 한번 써보라고 하셔서 서울대에 지원을 했었죠. 그런데 수능때 너무 떨어 특별히 수학을 많이 못봐 정시로는 의치대 입학 가망이 없어 재수할 생각을 하고 있었습니다.

원래 제가 제 성적만 믿고 의대 가야지 생각하고 있었는데 아마 하나님 뜻이 아니였나봐요. 그래서 하나님이 다른길은 다 못가게 막으셨는지 특기자 전형 하나에만 기회가 있었어요. 특기자 전형은 어떤 외부 수상이나 이런걸로 1차를 전형하고 그다음에 2차로 구술 면접을 봐가지고 선발되는건데, 수능 망치고 온 날에 특기자 1차 발표가 난거예요. 그래서 수능 죽쒀가지고 정말 부모님한테 미안해하며 집에 왔는데, 어머님께서 특기자 1차 됐다고 대개 기뻐하셔서 같이 펑펑 울었어요. 수능 망치고 나니까 그만큼 자신감도 많이 없어졌고 1년 더해서 이만큼 될까 하는 생각도 들고 그래서 그냥 우선 특기자 전형 기회가 있으니까 거기에 최선을 다해보자고 생각을 했어요.

중3 마치고 어떻게 진로를 가야될까 생각을 하다가 저는 생물 쪽이 재밌어서 그때부터 의대가면 내가 좋아하는 쪽으로 할 수 있겠다 싶어서 그때부터 의대를 목표로 잡았어요. 화학하고 생물 쪽에는 원래 관심이 있었기에 특기자 전형 쓸때도 일부러 화생공 쓴게 그것 때문이었어요.

아버지가 믿음이 없어 교회를 안다니셔서 반대도 많이하셨지만 어머니는 교회 가는게 좋다고 생각하셔서 계속 교회를 다녔어요. 시간이 지나자 아버지도 제 의견을 존중해 주셨는데 고등학교때 성가대 하고 임원 하고… 하니까 집에 오는 시간도 늦어졌어요. 그러니까 아버지는 대개 싫어하셨어요. 그래도 어머니가 많이 도와주셔서 예배 참석은 제대로 다 했어요.

남들 공부하는데 교회가는거 처음에는 싫었는데, 가만히 생각을 해보니까 교회 빠지면 그것도 마음이 불안하고 괜히 하나님한테 죄송스러운 생각도 들어 교회에 갔어요. 대신 제가 주일 교회 가서 있는만큼 나머지 시간에 더 열심히 할 수 있었어요. 내가 교회에 있는 시간에 다른 애들은 다 공부 했으니까 제가 남은 시간이라도 더 열심히 해야겠다는 마음가지고 더 열심히 할 수 있었던 원동력이 되었어요.

고등학교 2학년 때는 고등부 총무 맡아서 했었고 3학년 초까지는 성가대를 했어요. 그 뒤로는 거의 예배만 참석했어요. 근데 좋았어요. 목사님 설교를 통해서 위안되는 말씀도 받았어요. 솔직히 공부하다가 힘들고 지치면 대개 마음이 피폐해지는데 일주일에 한번이라도 말씀 듣는 것이 좋아서 교회는 빠지지 않고 나갔었어요.

성적이 안오르는게 제일 힘들었죠. 제가 목표하는 원하는 만큼이 있는데 거기에 도달 해야 되는데 나름 열심히 한다고 하는데도 그만큼 제대로 성적도 안 나와주어서 맨날 제자리고 혹은 더 떨어지기도 해서 거기서 많이 스트레스를 받았어요.

제가 대개 낙심하고 그럴 때 (그러니까 수능 두세달 전인가 부터)는 금요철야 예배를 갔었어요. 야자가 밤10시에 끝나거든요. 그럼 밤 10시부터 자정까지는 자율적으로 하는건데 10시에 야자 끝나서 교회오면 열시 반되요. 그때는 설교 거의 다 끝나고 기도하고 찬양하는 시간인데 그때 와서 힘든거 있으면 기도하고 찬양하고 너무 힘들고 그러면 기도하다가 울기도 하고… 그렇게 해서 많이 위안이 되었어요. 하나님이 위로해 주셨어요.

성경구절은 빌립보서 말씀이었어요.

"내게 능력 주시는 자 안에서 내가 모든 것을 할 수 있느니라"(빌립보서 4:13).

제가 하는 큐티 책 뒤에 보니까 그 말씀이 스티커로 있더라고요. 그래서 야자시간에 책상 앞에 맨날 붙여놓고 공부 할 때마다 보았는데 그 말씀이 가장 좋았고, 찬양은 지금 딱히 기억나는게 없어요. 제가 찬양할 때 자신이 없어요. 그래서 철야 예배가면 2층에 사람도 없고 그러니까 맨 앞 구석에 앉아서 그냥 혼자 막 마음껏 크게 불렀는데 지금 기억나는 찬양은 없어요.

좀 더 좋은 공부 방법이 있다면?

고등학교때 수학 때문에 아쉬움이 많은데… 시험을 못봐서요. 저는 그냥 문제를 많이 푸는걸로 했었어요. 그래서 그냥 되는데로 최대한 문제 많이 풀고 채점하고 틀린 문제 있으면 답지 보면서 '아-이게 이렇구나'하고 말았었는데 그게 좀 아쉬워요. 그러니까 틀렸던 문제를 한번 더 고민해 보는게 필요 했었는데 그냥 넘어간게 후회가 돼요.

공부할 때 신앙이 도움이 됐는지?

공부 뿐 만이 아니라 여기 입학한 것도 하나님께서 도와 주셨어요. 성격상 수능날도 떨었지만 특기자 전형 면접 볼 때도 엄청 떨었거든요. 그때도 순서대로 들어가는데 오전에 수학보고 오후에 생물 면접 시험을 봤는데 처음에는 제가 앞에서 2번째로 봤어요. 그러니까 뭐 떨세도 없이 보고 나와 버린거예요. 제 친구는 세 네시간 기다렸다가 거의 점심 먹을 때 본 애도 있는데 저는 앞에서 2번째인게 오히려 감사했고, 또 생물은 뒤에서 2번째 였어요. 그래서 제가 배웠던거나 아니면 책 같은거 한번 쭉 훑어보고 들어 갔는데 거기서도 많이 도움이 됐어요. 그것은 사람의 힘으로 바꿀수 없는거 잖아요. 지금 생각해 보면 순서 까지도 하나님이 하신 것 같아요.

그리고 맨날 똑같은 생활 패턴으로 공부하는데 주일 예배 드리는건 어찌보면 삶의 활력소인거 같아요. 아까도 했던 말이지만… 그러니까 일주일 삶 가운데 주말이나 주일 바라보고 살아 가는 것 같았어요. 일주일 마다 말씀 주시는거 같았구요.

교회는 딱 한번 빠졌어요. 고3때 늦잠 잤어요. 잠 때문에 못가니까 그냥 계속 잤죠. 자고 일어나 보니까 오전 예배 다 끝난 시간 이었어요. 마음에 부담이 많이 됐었죠. 솔직히 그냥 교회 안가서 좀 시간을 벌었다는 생각 이 들었지만 마음이 불안 하기도 했습니다. 그날 공부는 그냥 평소대로 하긴 했지만 마음에 부담이 많이 됐어요. 주일 지키는게 하나님과의 약속 이잖아요. 근데 그걸 못 지켰다는거 때문에 마음이 안 좋았어요.

고3때 공부냐 신앙이냐의 양갈래로 생각하는데 저희 목사님이 항상 하 시는 말씀이 한손엔 성경, 한손엔 교과서 였어요. 하나만 치우치는게 아 니고 충분히 양쪽을 균형있게 할 수 있다고 생각을 하거든요 그러니까 공 부하기 위해서 신앙을 버린다, 신앙을 위해서 공부를 안한다 이건 아닌거 같고 어느 정도 자기가 비중을 맞춰서 하면 충분히 둘 다 할 수 있다고 봅 니다.

사람들이 신앙에서 힘을 얻었다고 하는데 어떻게 생각해보면 신앙을 가졌다는거 자체가 걸림돌이라고 생각할 수도 있었을 것 같아요. 타협자 체가 안되니까.

제 친구들 중에 학원 때문에 교회 안나오기도 해요. 저도 강남에 좋은 학원이 있었는데 그것도 주일에 해서 어떻게 해야할지 고민을 했었어요. 제 친구는 아예 주일 아침7시 부터 8시반 까지 예배 드리고 바로 어머니 차 타고 학원으로 가고 그랬어요. 그런데 저는 그렇게 하는것 보다는 제 가 온전히 주일을 못 드리긴 하더라도 제가 고등학생이니까 고등부 예배 는 드려야 할 것 같아서 안갔어요. 저도 솔직히 많이 갈등이 있었지만 저는 주일 예배를 선택 했어요. 목사님도 고등부 애들한테 초점을 맞추어 설교 하시기 때문에 일반부에 가는 것 보다는 저한테 더 많이 도움이 되는거 같아서 고등부를 갔었어요.

언어는 제일 중요한게 기출문제인거 같아요. 저 같은 경우는 7차 교육과정이였으니까 그 교육과정 내에 있는 기출문제 즉 평가원 문제도 있고 교육청 문제도 있고 여러가지가 있는데 많이 풀어 봤어요. 기출문제 풀어보는게 더 도움이 되는거 같아요. 더 필요 하다면 유형이 다른 사설 모의고사 문제도 풀어볼 수 있지만 메인이 되는건 평가원 기출문제가 돼야 될 거 같은데 거기서도 그냥 문제 풀고 답 체크하고 넘어가는 게 아니라 문제풀고 틀린 문제 볼때 내가 어떻게 생각을 해서 어떻게 틀렸는지를 적거나 아니면 생각을 해봤어요. 자꾸 생각하는 연습을 해 보는 게 중요한거 같아요.

어렸을 때는 그냥 과학 관련 책만 읽었어요. 저 같은 경우는 책에 빠지진 않았었는데요 제 친구는 고등학교 때도 소설 책에 빠져서 소설 대개 많이 읽었는데 개는 다른거는 몰라도 언어 영역은 계속 1등급 나왔어요. 그러니까 책을 많이 읽으면 도움이 되는건 확실한거 같아요. 좀 심하게 많이 읽어야 되는거 같아요.

그럼 속독학원 다니는건 어떻게 생각하냐고 물을지 모르겠는데 읽는 속도도 중요하지만 속도만 중요한건 아니잖아요. 빨리 못 읽고 느리고 막 지문 두세개씩 못보고 하면 속독이 필요하긴 하겠지만 반드시 그게 필요 한건 아닌거 같아요. 그러니까 어렸을 때부터 책을 꾸준히 많이 읽는게 중요한데 그게 안됐으면 나중에는 학원 도움도 받아야겠죠.

수리는 맨 처음 개념정리를 주로 하는데요. 개념 같은거는 선행학습을 해도 좋겠고, 학교 수업시간에 해도 좋고, 학원에서 해도 좋고, 어쨌든 개 념은 확실하게 잡아놓고 해야 나중에 고생 안해요. 문제풀이도 양을 많이 풀어보는 것도 중요하지만 꼭 틀리는거 계속 틀리니까 잘 정리를 해놓으 십시오. 오답노트까지 만들면 너무 시간 오래 걸리니까 자기가 틀리는 것 만이라도 잘 체크하면 좋습니다. 양보다 질이 중요한거같아요. 그러니까 처음에는 정석같은거(모든 학생이 다 봤겠지만) 한번 보면 좋습니다. 그 나마 유형별로 정리가 많이 되어있고 개념 바로 밑에 문제있어 좋은거 같 아요. 나중 고3 때는 문제 풀다가 막히는 부분있으면 그 단원만 가서 다시 내용 정리하면 수1 같은 경우는 문과 이과 다 공통으로 보니까 좋은 문제 많은것 그냥 풀어보면 되는데, 수2 같은 경우는 문제집이 많이 있는것도 아니고 기출문제 자체도 많지 않으니까 수2 나 미적 같은 경우는 문제 양 보다는 꼼꼼하게 문제 하나 풀더라도 좋은문제 선별해서 푸는게 좋은거 같아요.

과탐은 문제 풀면서 많이 공부를 했었거든요. 개념 같은거는 학교 수 업 하는 걸로 했어요. 저희학교 경우는 과학 선생님이 대개 잘 가르쳐 주 셨어요. 학교 수업하고, 인터넷 강의는 필요한 부분만 했어요. 강남구청 가면 1년에 만오천원인가 2만원내고 1년동안 과목 상관없이 다 공짜로 들을수 있으니까 부족한 부분 그 파트만 딱 들으면 도움이 되는거 같아요.

제가 혼자하는 공부 빼고 어느게 제일 도움이 됐냐면 솔직히 과외였죠. 왜냐면 학교나 학원 같은데는 다수 대 한명 이잖아요. 그러니까 개인적으로 도움 받을 수 있는 시간은 따로 찾아가지 않는 이상 없는데 과외 같은 경우는 풀다가 딴 생각하다가 내가 놓쳤어도 다시 물어보면 다시 설명해 주고 또 관련된 문제도 선생님 보고 달래서 풀어보고 그럴 수 있으니까 도움돼요. 일대일로 하는게 제일 나은거 같아요.

과탐 같은 경우는 모의고사를 주로 많이 했었는데, 사설이든 기출문제든 수능 기출이든 상관없이 그냥 풀면서 틀리거나 잘 모르겠다 싶으면 따로 공부하거나 선생님한테 물어보는 식으로 한게 대개 많이 도움이 된거 같아요.

그리고 앞자리쪽에 앉으니까 선생님께 바로 물어 볼 수 있어서 좋았어요.

영어도 독해같은 경우는 문제를 많이 풀어 봤어요. 수능 영어같은 경우는 유형 같은게 많이 정형화 되어 있으니까 독해 많이 풀어 보는게 좋아요. ebs문제 많이 풀었거든요. ebs는 학교에서 수업 교재로 썼는데 내신 시험도 거기서 나와요. 선생님이 거기에서 문법이나 단어 다 체크해 주시니까 ebs교재로 한게 도움이 많이 됐어요.

수능 가까웠을 때까지 고민인게 문법, 어법쪽 이였는데 시중에 나와있는 어법 관련된 책 한 두권 사가지고 그냥 문제 풀면서 그러니까 어법 설명 나와있고 문제 나와 있으니까 그거 두권정도 풀면 대충 감 잡히요. 그러니까 문제 풀면서도 문법 같은건 도움 많이 됐던거 같아요.

듣기는 2학년 때부터 아침마다 학교 교실에서 선생님이 틀어주시고 3학년때는 학교 전체 영어 듣기를 틀어 줬어요. 일주일에 3번정도 들었었는데 듣기는 매일매일 계속 하는게 좋은거 같아요. 단어는 어법하고 문법하고 같이했어요.

고3 때는 자율 학습 시간이 많으니까 자율 학습 시간에는 어떤걸 할지 대충 짜여져 있었죠. 근데 일부러 빡빡하게 안짰어요. 너무 빡빡하게 짜면 피곤한 날 있으면 즐기도 하고 그러는데 그러면 아예 뒤에까지 다 망가져 버리니까 좀 쉬는 틈 같은거 짜 가지고 융통성있게 시간 관리를 했어요. 어느정도 큰 틀은 필요한데 몇 분 단위로 까지 짜는건 필요가 없었던 것 같아요. 사람마다 다 다르니까요, 자기가 공부하다 보면 이시간 정도면 어느정도 할 수 있다는 것을 알게 되죠. 자꾸 해보면서 파악 하는게 좋은거 같아요.

솔직히 말해서 교회에 있는 시간이 그렇게 길진 않거든요, 예배 시간 많이 길어봤자 2시간인데 그 시간에 공부 더한다고 해서 그렇게 많이 차이 나진 않고 오히려 그 시간에 교회와서 예배드리면 마음에 평안을 얻고 다른시간에 더 집중할 수 있어요. 공부하는 시간의 양이 문제가 아니고 집중하는 정도가 문제니까요. 적은 시간에 얼마나 집중해서 공부할 수 있느냐 하는게 효율적이고, 효율적으로 공부하는게 더 중요하죠.

안 믿는 부모님들에게 드리고 싶은 말은 공부하는데 집중력이 문젠데요 얼마나 집중해서 하는지 얼마나 효율적으로 공부하는지가 중요하니까 오히려 교회 나가면 성적이 더 떨어지거나 하는 일은 없을 거예요.

평소에 나오던 성적보다 많이는 할 수 없을거예요. 시간이 그렇게 많지 않으니까요. 고3 때도 다들 열심히 하니까 거기서 성적 오르는게 힘들지만 그 정도 보다 더 열심히 한다면 충분히 오를 수 있다고 생각해요. 친구들도 고3 때 열심히 해서 오르는 경우도 있으니까요. 자기 노력하기에 달려있어요.

어떻게 보면 수능을 망쳤고, 원하던 과에 가지 못했는데도, 하나님이 인도하셨다고 생각하게된 계기가 있어요.

제가 지금 생각해봐도 의대가려는게 솔직히 말해서 제 욕심인거예요. 제 딴에는 의술로 뭐 어떻게 한다고 하지만 솔직히 속으로는 의사란 직업이 돈도 많이 벌고 명예도 있으니까 인간적인 생각 때문에 내가 그쪽을 택하지 않았나 싶기도 한데 하나님이 다른 길을 다 막으시고 이 길만 열어 놓으신거 같아요. 이걸 얘기하게 하기 위해서요. 어머니하고 제가 얘기하다 보니까 '진짜 하나님이 하셨구나'라는 생각이 많이 들었어요.

교회에서 배우기로는 하나님께 의지하고 가야된다고 해서 겉으로는 그런척 했지만 속으로는 좀 날 위해서 그런게 있었어요.

공부하다 보면 저는 가끔 '이걸 왜하고 있지?' 하는 생각도 많이 들었거든요. 근데 예를 들어 좋은 대학가고 잘 살기 위해서 이렇게 한다면, 목표가 이루어지면 이제 더 이상 목표가 없어지는 거잖아요. 인간적인 목표를 잡는 것도 필요 하지만 그냥 하나님 뜻에 맡기고 하나님을 의지하고 가는게 평생을 두고 할 수 있는 목표니까 중요하다고 생각해요.

인생의 목표를 주님 안에서 찾는게 중요합니다. 그 목표를 향해 힘껏 사십시오.

06
입학 성적이 나빠도 서울대를 품으십시오!

이승호
서울대학교 농업생명과학대학
농경제사회학부 1학년

고등학교 입학성적이 650여명 입학생중에 한 120등 정도 였어요. 최상위권은 아니었기 때문에 서울대를 갈 수 있을거란 생각은 없었어요. 좀 더 노력 해서 연·고대는 가야겠다는 생각을 가지고 마냥 공부하고 있었는데 1학년 때 담임선생님께서 상담하다가 "승호 너 좀 더 노력하면 서울대 갈 수 있겠다"라는 말씀을 해주셨어요. 그래서 그때부터 "어-정말 그런가?" 하면서 마음에 서울대를 품게 됐습니다.

또 제가 경제학을 공부해서 경제학자가 되려는 꿈을 계속 갖고 있었는데, 옛날부터 아무래도 학자가 되려면 솔직히 (국내에서나 세계에서나) 학벌이나 연줄이나 학연 같은 게 중요하다고 생각해 이왕이면 더 좋은 곳으로 가야겠다는 생각도 있었고, 뭐 약간은 그냥 허황된 소리일수도 있겠지만 학비 문제 같은 것도 조금은 고려가 됐습니다. 그러니까 선생님께서 희망을 주신게 컸고요, 그다음 제 자신도 꿈을 크게 가지고 노력을 했죠. 좀 더 좋은 곳으로 가야겠다는 생각을 가지고요.

경제학자가 되려는 꿈은 언제부터 가졌냐면요. 어릴 때 보통 남자 애들이 많이 막연하게 과학자가 되고 싶다고 하잖아요. 옛날에 저도 그렇게 생각하고 있었는데 너무 막연한 거예요. 그래서 뭔가 좀 더 구체적으로 생각해 봐야겠다는 생각을 하다가 초등학교 6학년 때 한 책을 봤어요. 이원복 교수님이랑 서울대 경제학 교수님이 같이 집필했던 만화책인데 부자국민 1등경젠가? 그거 보면서 경제에 관심을 좀 갖게 됐고 경제학자가 돼야겠다는 생각을 그때 좀 가졌어요.

구체적으로 했다기 보다는 저희 학교(안산동산 고등학교) 자체가 공부 잘하는 애들이 많기 때문에 서울대를 오자면 일단 내신 자체가 신경이 쓰였어요. 그래서 1학년 때 선생님이 그렇게 말씀을 해주신 때부터 내신을 계속 신경 쓰면서 그때부터 모든 과목에 다 들어가 이것저것 다 챙기려고 많이 노력했어요. 다른 애들은 연고대만 가도 내신이 몇 과목만 반영되기 때문에 몇 과목은 버리거나 좀 소홀 하는 과목들이 있거든요. 그러니까 1학년 때부터 계속 노력해 왔었어요.

언어는 제가 제일 약한 부분 이였거든요, 걱정도 많고 점수도 많이 흔들리고 변동 폭도 많이 커가지고 중학교 때 부터 계속 국어 과목에 대한 자신감이 없어서 대개 많이 계속 마음에 걸리는 부분이였어요. 그런데 그게 아무리 생각해도 지식적인 측면 보다도 감각적인 측면이 많은 거 같았어요. 주변에 굳이 열심히 안 하는 거 같은 애들도 우리들 사이에서 언어적 감각이라고 하는 걸 가진 아이들은 조금 공부해도 점수가 잘 나오는 거예요. 근데 저는 문학도 문학 비문학 문제집 따로 사서 계속 문제 푸는 식으로 공부 했었어요.

그러다가 3학년 와서 좀 더 실제적으로 문제 푸는 것도 약간 모의고사 형식으로 틀을 맞춰서 하는 쪽으로 노력을 많이 했어요. 일단 규칙적으로 공부를 했어요. 문제 풀 때마다 일단 맞추자 라는 생각으로 했어요. 그러니까 정확하게 푸는 게 중요하죠. 한번 풀 때 이 문제에 대해서 맞추자는 생각으로 꼼꼼히 짚고 넘어가는 식으로 공부를 했거든요.

개인적으로 어렸을 때 독서를 많이 했다는 생각은 안하는데 그래도 습관이 안 돼 있는 아이들보다는 평소에 좀 읽긴 읽은 거 같아요. 엄마가 많이 도와주셔서요. 초등학교 때 시간 날 때 학교 도서관에 가기도 하면서 그냥 좀 습관적으로 의식적으로 책을 가까이 하려 했었던 것 같아요.

제 스스로 언어적 감각이 없다고 느꼈고 지적도 많이 받았어요. 언어 문제를 풀 때 그러니까 국어 문제를 풀 때 "승호는 너의 생각이 개입되는 거 같다"는 지적을 많이 받았어요. 특히 문학 같은 경우는 감상을 해야 되고 비문학 같은 경우 적용하는 문제 같은 경우에는 개인의 이해에 따라서 다르게 보일 수 있거든요. 그런 부분에 대해서 제 생각이 개입이 되면서 다른 답을 찍거나 다른 감상 같은 것을 써서 틀리게 되면 좀 많이 틀렸던 거죠.

정확하게 풀고 제 생각이 개입 안 되도록 노력했죠. 그게 고쳐야 되는 부분 이였으니까요. 아까 얘기 했지만 정확하게 푸는 연습을 하는 게 그만큼 헷갈리지 않죠. 언어 같은 경우는 대개 보기 두 개가 헷갈리는 경우가 보통 있거든요. 거기서 어느걸 선택할 것인가에 대한 문제에 대해서 바로 찍는 것이 아니라 조금 더 생각을 해보고 뭐가 답일까 하는걸 고민 해보면서 정확한 답을 찍는 연습을 많이 했어요.

수능은 7차 때 수1에서 왜 미적이 빠졌을까 하는 생각이 들었어요. 수학은 전부터 그냥 잘 한다는 소리를 많이 듣고 개인적으로도 자신 있는 과목 이였어요. 수학 푸는 게 좋기도 해 포기하고 싶은 그런 고비가 없었어요.

제 생각인데 수1 자체는 그냥 부담이 안 되는 수준이라고 생각하거든요. 이과 애들은 수2 하고 미적까지 하면은 양도 대개 많고 어려운데, 수1 제 생각에 수1 까지는 분명히 노력하면 극복될 수 있는 부분이라고 생각해요.

수학공부에 대한 제 생각은요, 일단 문제를 많이 풀어 봐야 돼요. 특히 좀 더 중점을 둘 것은 자기의 수준이나 실력을 확실히 파악하고 자신한테 맞는 수학 공부를 해야 된다고 생각해요. 만약 실력이 없는데 그러니까 못하는데 어려운 걸 붙잡고 있는 건 말이 안 되잖아요. 그래서 자기 수준에 맞는 문제를 풀면서 거기서 차츰차츰 나아가야 돼요.

수학 같은 경우는 어떻게 보면 다른 언어나 외국어에 비해서 내용이 한정돼 있다고 볼 수 있거든요. 그러니까 개념들이라던가, 공식들이 주어져 있잖아요. 특히 수1 같은 경우는 많다고 하지만 대개 한정적인 부분이고 거기서 문제는 변화되고 응용돼서 나오기 때문에 다양한 문제들을 풀어보면서 적용시키는 능력이나 또 이런 상황에서는 이런 공식이나 이런 풀이가 쓰인다 라는 것들을 적용을 하면서 공부를 해야 된다고 생각해요.

분명히 수1 수준에서는 수학이 어느 정도 암기과목인 측면도 있다고 생각을 해요. 그래서 틀린 거나 모르는 거에 대해 반복적인 학습이 중요하다고 생각해요. 무턱대고 푸는 게 아니라 이런 문제에서는 이런 방법으로 푸는 것을 숙지하라는거죠. 어떤 문제집이던 상관없이 한권이라도 제대로 해야 된다는 게 일단 제 생각이에요. 솔직히 여러 수학 문제집이 있지만 거의 고만고만한 수준이거든요. 그래서 한권이라도 거기에 있는 내용을 완벽히 숙지하면 일단 일정 수준에 도달 할 수 있다는 게 제 생각입니다. 거기 한권에 있는 문제들 만이라도 완벽하게 익힐 수 있으면 웬만한 문제들은 해결 할 수 있고 나머지 문제들은 또 다른 문제집이나 다른 것들로 메꿔야 되는 부분 이지만 충분히 한권 내에서도 메꿔 넬 수 있는 부분이 있다고 생각해요.

시험은 일단 제가 선택한 거는 국사랑, 세계지리랑, 정치,경제-4개였거든요. 근데 국사는 역사니까 암기과목이고 지리도 외울게 있긴 하지만 그나마 좀 외우는 부담이 적은 과목이에요. 국사를 뺀 나머지 세 개는 기본적인 개념들을 토대로 해서 문제를 많이 풀고 문제를 통해서 세부적인 지식을 쌓아 가야 된다고 생각을 하고 그렇게 공부를 했어요. 기본 개념들이 몇 개 없거든요.

특히 경제 같은 경우는 A4용지 몇 장에 정리 될 수 있을 정도이죠.
세계지리, 정치, 경제는 그 지식들을 어떻게 적용하는가가 시험문제에 많이 나오거든요. 그렇기 때문에 다양한 문제를 접하면서 어떻게 개념들을 적용 시킬 수 있느냐가 학습의 주된 목적이 돼야 되고, 거기서 틀린 문제들을 점검하는 게 세부적인 지식들을 쌓아가는 방법이 된다고 생각해요.

그리고 국사는 교과서가 중요하다는 걸 시험 보면서 뼈저리게 깨달았어요. 국사 공부할 때 문제를 좀 많이 풀려고 했는데 이번에 시험 봤을 때 교과서 자체를 소홀히 해서 약간 피를 봤어요. 국사책은 양이 많고 뭐가 나올지 모르기 때문에 부담이 되긴 하지만 일단은 세부적인 부분은 분명 교과서에서 나오기 때문에 문제 위주보다는 교과서를 꼼꼼히 좀 더 봐야 되요.

세계지리인데요. 요즘 세계지리가 정말 어려워지고 있어요. 이번에 수능문제 풀면서 아주 실감했는데, 이게 지리과목이 연계된게 있어요. 이번에 시험칠 때 세계지리 문제에 경제 지리 관련된 쪽이 많이 나왔거든요. 그래도 저는 경제 지리를 하려고 했었던 때가 있어 조금 공부를 해둬서 그래도 어떻게 풀긴 풀었는데 처음 봤을 때는 대개 난해할 수 있는 부분이었어요. 그러니까 세계 지리 자체가 범주를 세계로 잡고 있기 때문에 다양한 영역이 나올 수 있단 말이죠. 거기다 그동안 수능 십 몇 년 거치면서 문제가 떨어졌는지 대개 어렵게 나오는거 같아요. 혹시 세계지리와 다른 과목을 선택하려고 했다면 세계지리는 다시 한 번 생각해보라고 말하고 싶어요.

영어는 제가 고등학교 입학 했을 때 영어 실력이 객관적으로 좋지 않아서 2학년 때 1년간 단과학원을 해서 문법 정리를 한번 했는데요. 영어는 일단 역시 기본적으로 단어가 중요하다고 생각해요. 근데 단어 중요하다고는 다 아는데 외우는걸 귀찮아해요. 맨날 단어장을 만들어 놓고도 거의 안볼때가 많아요. 단어가 기본으로 중요해요. 그리고 외국어도 감각적인 부분이 있기 때문에 문제를 풀어 보면서 영어를 해석하면서 영어적인 감각을 익히는 것도 중요해요. 기본적으로 어느 정도 해석하는 연습도 같이 병행해서 가야돼요. 그래서 뭐 그냥 해석하고 모르는 단어 체크해서 적어놓고, 가끔씩 보고 그렇게 계속 공부 했어요.

보통 요일별로 과목 다르게 해서 했어요. 고3 때는 시간 맞추는 연습이 중요한데 언어 영역이나 외국어 영역 같은 경우에는 문제집을 풀더라도 모의고사처럼 그 형식을 맞춰서 푸는 연습을 했어요. 저는 하루 목표량을 정해놓고 하는 편이고요.

언어 같은 경우에는 ebs푼다고 하면 거기 비문학이랑 문학 각각 파트별로 있잖아요. 그래서 시 문학 풀고 소설도 풀고 비문학도 풀고 해서 푸는 시간을 1시간 계획 해가지고 1시간 내에 거기 있는 것들 다 부분별로 풀어보는 식으로 했고. 외국어도 20분에 한 15문제정도 잡아서 풀었어요. 언어랑 외국어는 점수가 왔다 갔다 해서 좀 더 집중했기 때문에 언어, 외국어는 매일 하려고 했고요, 사탐이나 수학문제는 시간 날 때 남는 시간을 많이 이용하려고 했어요. 그래서 야자 할 때는 언어, 외국어 집중적으로 했고요.

지금 아쉬움이 남는 거는 영어 단어를 더 열심히 외웠더라면…하는 거랑, 국사책을 더 열심히 봤어야 됐다는 두 가지예요. 딱 두 가지 밖에 없어요. 아 그리고 중국어를 아랍어로 했어야 했다는 거.

네, 고2때 부터 제가 1년 좀 넘게 교회에서 스킷팀을 해서 연극하는 거 했었어요. 매주는 아니고요. 저희 고등부예배가 아침 9시 반이였는데 11시쯤 끝나면 한 시간이나 한 시간 반 정도 모임을 갖고, 만약에 연극 공연을 준비하게 되면 고등학생이니까 시간 남는 게 주말 밖에 없으니까 토요일 또는 주일날 저녁 때 시간을 내서 준비하고 그랬어요. 연극이니까 시간을 많이 뺏기는 것도 있었거든요. 실제로 중간고사 기말고사 기간때 맘이 긴박할 때도 연습 한 적이 있었어요. 그렇다고 불안한 마음이 없었던 건 아니었어요. 그 시간에 공부를 하면 좀 더 좋지 않을까 생각도 했죠. 게다가 여러 사람이 함께 모여야 되기 때문에 시간도 오래 걸리고 해서 스트레스나 짜증이 있었을 때도 있었는데… 그래도 그거 하면서 즐거운 마음이 있었어요.

그러나 시간을 떼내야 되는 만큼 평소에 더 열심히 했어요. 일단 제가 맡아서 하기로 한 일에 대해서는 책임감을 많이 가지려고 하는 편이거든요, 그래서 일단은 제가 교회에서 봉사하겠다는 마음을 가지고 하는 거고 열심히 하겠다는 마음을 가지고 한 거기 때문에 말 그대로 봉사하기 때문에 그만큼 자기 자신을 헌신하거나 내어놔야 되는 부분이 있다고 생각했어요.

부모님께는 좀 지적을 들은 적이 있어요. 그러니까 주일 오전11시 반쯤에는 집에 올 수 있는데 오후 1시까지 계속 교회에 있고, 또 시험기간인데도 주말에 밤에 교회갔다오고 하니까 "너무 시간 많이 뺏기는 거 아니냐?"라는 얘기를 하시긴 하셨는데… 그래도 제가 하려는 마음이 있어서 하는 거고 또 봉사하려고 하는 거니까 그렇게 지적하시면서 한소리 하셔도 이해는 하셨어요.

고3 때는 설교시간에 거의 매일 졸았어요. 잘 때가 엄청 많았어요. 그게 마음에 좀 죄송했지만 예배 드리는 시간이 아깝다고 생각한 적은 없어요.

그냥 좋게 생각하고 제가 못하거나 또 평소에 말씀 읽는 시간을 가지지 못하는 것에 대해서 오히려 마음이 좀 불편하고 그랬었어요.

그리고 공부할 때 신앙은 마음에 평안함을 얻는데 도움이 많이 됐어요. 하나님이 인도해 주시겠지 라는 생각으로 공부했고, 노력도 했죠.

공부할 때 힘들었던 점과 극복방법

공부할 때 계속 얘기를 들었던 건 "너는 시간이 갈수록 안색이 좋아진다" "고3 때 피부가 더 좋아진다"라는 소리까지 들었어요. 제가 어려움이 없었던 건 아닌데 공부하거나 그런 상황에서 엄청 힘들었다거나 대개 고통스러웠다거나 하는 부분은 없었어요. 대개 감사한 게 엄청나게 무너진 적도 없이 꾸준한 결과가 계속 나왔거든요, 그리고 성적이 많이 흔들렸던 적도 없었고요. 약간 충격 받은건 언어영역이 80점 초반을 맞아서 "아- 등급이 이런가!" 이런 식이였지, 그 이상 그렇게 엄청 심하게 쇼크를 받은 적이 없었어요. 계속 꾸준하게 결과가 나왔거든요.

잠은 자려고 하면 많이 잘 수 있었는데, 좀 놀기도 했어요. 고3 때도 좀 놀았거든요, 새벽에. 그래서 많이 안 잤어요. 좀 답답하거나 할 때는 산책 같은걸 한다거나 생각을 좀 정리하고 마음도 한번 정리하는 시간을 가지거나 했고, 또 제가 스트레스를 받아도 신경을 안 쓰거나 그냥 금방 잊고 넘기는 편이예요. 그래서 짜증나거나 답답할 때 그냥 그 순간에 좀 그런 거지 말 그대로 시간 좀 지나면 금방 괜찮아지거든요. 그래서 그런 부분에서 많이 어려웠던 적은 없었던거 같아요.

마음에 두려웠던 건 정말 서울대에 갈 수 있을까
… 였거든요. 객관적으로 봐도 1학년 때 성적이 말
그대로 서울대를 갈 수 있다라고 얘기할 성적이 아
니었거든요. 그래도 제가 희망을 갖고 잡고 있었고, 2
학년 때도 상담할 때 선생님이 "그래도 갈 수 있겠다"라는 말씀을 해주셨
고 또 고3 올라와서도 상담하는데 "목표를 잡아보자"라는 말씀을 해주셨
어요. 그렇지만 탑(TOP)이 아니었기 때문에 특히 내신이 마음에 많이 걸
려서 두려운 마음이 많았어요. 오히려 욕심을 버려야 되지 않을까…하는
생각을 가지기도 했어요. 그래서 기도를 하면서 많이 매달렸어요. 하나님
께서 인도하시는 길로, 이끄시는 길로 따르고 순종하겠다고. 하나님께서
저를 향해 가지고 계신 계획대로 인도해 달라고 맡겨 드리는 기도를 많이
했어요.

그리고 제가 계속 생각하고 마음에 두고 좋아하는 찬양은 '말씀하시면'
이예요. 초등학교 6학년 때 경제학자라는 꿈을 품고 나서 시간이 지나면
서 제 마음 속에 품고 있는 꿈이나 비전이 하나님께서 주신거라는 나름대
로 확신을 가지고 있었어요. 지금도 그렇지만 앞으로 그 길로 가야겠다는
굳은 의지가 있어요. 그래서 계속 그런 마음을 가지고 공부를 했는데 그
러면서 자연스럽게 서울대라는 목표를 가지게 됐지만, 혹시 이건 내 욕심
일지도 모르겠다라는 생각이 조금 들기도 했어요. 하나님께서 인도해 주
시지 않으면 어떻게 되는 걸까… 라는 약간 두려운 마음이 있었어요. 그
런 마음이 답답하거나 또 공부가 안되는 여러 가지 생각이 들 때, 내 욕심
을 하나님께 맡겨드리기 위한 기도를 많이 했고, 그런 시간을 많이 가졌
어요.

특별히 붙잡았던 말씀은 없었고요, 매년 년초에 뽑은 말씀만 생각하면서 했어요.

엄마가 계속 공부하기 전에 말씀보고 하라고 얘기 해주실 때 공부하기 전에 말씀을 읽으려고 저도 노력은 했어요. 그런데 항상 말씀을 보던지 큐티 하려고 책을 펴면 잠을 자게 되는 거예요. 한 30분자고 다시 시작하고… 계속 그랬어요.

고2때 교회수련회를 갔을 때 거기서 제 마음에 좀 부담감과 어려움이 있어서 그걸 놓고 기도했을 때 하나님께서 "내가 너를 인도해 주겠다. 너는 걱정하지 말고 너 할 일을 하면 된다" 라는 마음을 주셨어요. 그래서 거기서 마음에 평안을 얻었지만 2학년 지나고 3학년 올라갔는데 3학년도 나름 부담감이 있잖아요. 근데 저희학교는 야자 끝나고 10시부터 11시까지 기도할 수 있는, 기도하는 공간이 있어서, 거기 매일 가서 잠깐이라도 앉아서 기도하고, 하루를 정리하면서 또 마음을 가다듬었어요. 2학년 때까지는 밤10시에 바로 집에 갔기 때문에 그때는 못했고. 3학년 올라와서 4월 달 넘어 가면서 나도 그런 시간을 좀 가져야겠다는 생각이 들더라고요.

제 삶 속에 항상 좋았던 것만 있는건 아니지만 하나님께서 대개 많은 복을 주시고 은혜를 주시고 많은 것들을 베푸셨다고 생각하거든요. 제 삶을 돌아보면 제가 하나님께 드리는게 별로 없는 거예요. 그래서 그런 부분에서 이제 좀 더 하나님과 가까워지거나 하나님을 위한 시간을 가져야겠다는 생각을 계속적으로 하게 됐고, 그중 기도하는 시간을 가지게 된 거예요.

삶 속에서 하나님이 큰 복을 주셨다는 것들은 … 일단은, 가정적인 어려움이 있었거든요, 아빠가 1년간 집을 비우셨었어요. 그래서 가정 환경이 대개 어려워 질 수 있었는데, 엄마가 그때 많이 어려우셨는데도 하나님을 믿는 신앙으로 극복 하시고 하나님이 복을 주셔서 가정을 다시 회복시켜 주셨어요.

또 경제적으로도 어려울 수 있었는데, 주변분들로부터 많은 도움을 받은 것도 있었고, 또 제가 경제적으로 넉넉지 않았기 때문에 고등학교 때 계속 학비 지원을 받으면서 다니기도 했고, 또 만나는 선생님들이나 관계적인 측면에서도 제때 제때 저에게 필요한 사람들을 붙여 주시고, 또 그런 분들이 저에게 말씀도 전해주시고, 여러 조언도 해 주셨는데 그런 인도하심으로 항상 삶 가운데서 하나하나 몸소 체험을 했어요.

열심히 해야돼요 고3 때는 주일 교회 갔다가 바로 학교에 와서 공부를 했어요. 일단은 주일 예배만 드린다고 생각하면 그렇게 많은 시간을 내어놓는 게 아니에요. 생각해 보면 하루 종일 교회에 있는 애들도 있지만 일단 저는 그러지 않았어요. 예배 드리고 오면 두시간정도인데 그게 정말 아깝고 그냥 버리는 시간인가에 대해서는 좀 생각해 볼 필요가 있어요. 자신의 평소 삶을 돌아봤을 때 그 이상의 시간이 낭비되고 있진 않은가를요. 오히려 계획에 따라서 하게 되니까 더 많은 노력을 하고 그만큼 집중해서 하게되어 결국 더 좋은 결과로 나타나죠. 얼마나 더 공부하는 시간에 집중 했느냐가 더 중요하다고 생각해요.

야자 공부하는 시간에 친구들이 하는 모습을 돌아보면, 공부하러 왔다고 하고, 밖에서 축구나 농구를 하면서 노는 애들도 있고, 또 그냥 자버리는 애들도 있고, 또 빈둥빈둥 거리는 아이들도 있고, 펜을 잡고 있지만 정작 문제를 풀고 있지 않는 그런 모습들도 있잖아요. 그러니까 풀어지는 모습들을 얼마나 잡느냐가 중요하다고 생각해요. 그래서 공부할 수 있는 시간에 얼마나 공부 하느냐, 그리고 스스로 돌아보고, 정말 공부해야 될 시간이고, 공부를 할 필요가 있다고 생각한다면, 그만큼 자기가 열심히 해야 된다고 생각해요. 교회에 간다거나 신앙생활 한다고 떼어놓는 시간이 남들이 아깝거나 낭비되는 시간이라고 얘기하지 않게끔 자기가 평소에 관리하고 노력하는 게 필요하다고 생각합니다.

제가 얘기해주고 싶은 것은 자신의 꿈과 비전을 위해서 많이 기도도 하고, 구해보기도 하고, 많이 생각 해봤으면 좋겠어요. 믿든, 믿지 않든 간에, 자기가 앞으로 해야 될 삶의 목표라든지 꿈과 비전이 자신의 삶을 이끌어 주는데 많은 도움을 주거든요. 제가 학교 다니면서 친구들한테 "너는 앞으로 뭐하고 싶냐, 꿈이 뭐냐?" 라고 물어봤는데, 막연한 대답을 하는 아이들이 많았어요. 저는 나름 구체적이고 분명한 꿈이 있잖아요. 정말 어떻게 하겠다는 꿈과 목적이 삶을 이끌어 가는 것을 제 스스로가 많이 경험하고 체험했어요.

어떤 친구는 공부는 하고 있지만 열심히 온전히 하지 않게 된다고 스스로 얘기를 하더라고요. 그래서 왜 그런지 얘기 해봤는데 자기는 아직 분명한 꿈이나 목표가 없다고 얘기했어요. 그게 이유의 전체가 될 수는 없겠지만 자기가 정말 지금 공부를 왜 해야 되는지 그리고 정말 대학에 왜 가야 되는지 그리고 앞으로 공부를 하고 대학에 가서 앞으로 무엇을 해야 될 것인지 그것을 정하고 그것을 가지고 노력하면 돼요. 노력해야 될 분명한 이유가 있고, 또 신앙이 있는 사람이라면 하나님께 묻고서 의지하면서 이끌어 달라고 또 여러 가지 부족한 부분들을 채워달라고 간구할 때 하나님께서 더 인도해 주시고 도와주신다고 생각해요.

경제학자가 된 후의 비전은?

비전이 뭐냐고 물어오면 일단은 '모든 사람을 행복하게 하는 거다'라고 거창하게 얘기합니다. 일단 모든 사람을 행복하게 하는 게 제 목표예요. 제가 안 되더라도 우선은 제 제자들을 키우면서 그 사람들에게도 저와 같은 마음을 품게 해주고 싶거든요. 모든 사람을 행복하게 할 수 있는 방법이 여러 가지가 있겠지만 저는 제가 관심을 가지고 있는, 지금 공부하고 있는 경제학을 도구로 사용해서, 제가 관심을 가지고 있는 세계 빈부격차 문제에 대해서 연구할겁니다. 세계 전체적인 측면인데 그 중에서도 가난한 나라들에 초점을 맞춰서 선진국들은 계속 발전하고 있는데, 가난한 나라들은 왜 계속 가난할 수 밖에 없는지 연구할겁니다. 보통 그런 문제들에 대해서 세계화라든지, 또 다국적 기업들의 횡포라든지 그런 것들을 얘기하고 있는데, 저는 분명히 그 가난한 나라 자체적인 문제가 있다고 생각을 해요. 그래서 그 나라들이 가지고 있는 문제점, 그럴 수 밖에 없는 상황에 처한 가난할 수 밖에 없는 이유들에 대해서 좀 더 연구를 하고 싶어요. 그래서 가난한 나라들의 기본적인 의식주 문제의 원인을 파악해서 해결까지 했으면 좋겠고, 그런 사람들이 좀 더 나아진 삶 속에서 행복할 수 있도록 해서 자연스럽게 하나님의 복음을 전할 수 있는 사람이 되는 겁니다.

정말 크리스천이라면 누구를 의지해야 할까라는 생각이 들어요. 교회에 예배를 드리는 시간에 좀 더 쉴 수도 있고 공부 할 수도 있지만 우리가 믿고 있는 게 뭐고, 믿고 있는 분이 누구시고, 정말 하나님은 전지전능하시고 우리와 함께 하시는 분이라는 걸 믿고 있다면 그분을 예배하고 그분을 높여드리는 일에 과연 시간을 아까워해야 되나… 그리고 그 시간이 정말 낭비되고 쓸모없는 시간이라고 생각해야 되나… 하는 생각이 좀 있거든요. 그렇다고 무조건적인 헌신과 봉사, 그건 아니지만 자신이 지킬 수 있는 삶의 영역 내에서 하나님께 헌신하고 그 시간을 내어드리는 것은 어떻게 보면 성도로써, 하나님을 믿는 사람으로서 너무나 당연한 일이라고 생각해요. 그 몇 시간 때문에 지망 대학이 바뀌거나, 성적이 떨어지겠구나, 생각한다면 그것은 믿음이 부족한 자의 모습이 아닐까 하는 생각이 듭니다.

부모님은 자녀에게 교회를 못 가게 한다거나, 사역을 못하게 할 것이 아니라, 그 아이를 위해서 얼마나 기도하고 있나를 좀 돌아 봤으면 좋겠습니다. 부모님께서 그 아이의 공부를 대신 해 줄 수 있는 건 아니잖아요. 그래서 정말 그 아이를 위하고 생각하는 마음이 있다면, 그 아이의 꿈과 미래에 대해서 부모로서 정말 간절하게 기도해 주고 또 그 아이가 힘들고 지쳐서 돌아왔을 때 격려해 주고, 또 여러 가지 조언도 해 주면 좋겠어요. 아이를 구박하거나 뭐라고 하는 것이 아니라, 다독여주고 그 아이를 통해서 하나님께서 다 계획하시고 또 준비하시는 것들에 대해서 기대를 하면서 그런 것들을 붙잡고 나아갔으면 좋겠어요.

저의 엄마께서 저를 많이 도와주셨어요. 아빠도 안하신 건 아니지만 아빠는 여러 가지 지치고 피곤하시잖아요… 엄마 같은 경우는 가끔 새벽기도도 나가시고, 목요일 날 저녁에 집회가 있는데 부모님이 같이 매주 가서서 기도도 해주셨어요. 또 평소에 이야기 나눌 때에 계속 '잘할 수 있을 거다' 격려해 주시고, 그리고 또 제가 낙심 하거나 좀 안 좋은 상황일 때 많은 자신감을 심어 주셨거든요. 그러니까 부모님도 어떻게 보면 신앙의 선밴데, 특히 믿는 가정이라면, 신앙의 선배로서 자녀들에게 어떤 걸 더 심어 줘야 될 지를 믿는 사람으로서 한 번 더 생각하셨으면 좋겠어요.

07
목적을 분명히 하십시오!

최병진
서울대학교 사범대학
수학교육과

서울대를 오려고 한 이유는?

어렸을 때부터 수학 교사에 대한 꿈이 있었어요. 저희 학교 동네가 시골이고, 중고 병설고등학교인데 학생부장 선생님이 "어디 가고싶냐?"면서 과랑 학교를 적어내라고 하시는데 수학교육과를 가고 싶다고 했고, 그다음에 수학교육과가 가장 최고인데가 어딜까 생각해봤는데 서울대인 것 같아서 서울대를 고등학교 때부터 가고 싶었는데, 오게 됐죠.

대학 준비는 언제부터 했나요?

정보가 대개 부족했어요. 저는 지역균형선발로 왔거든요. 근데 그것을 고3 때 수시 쓰기 얼마 전에 알았어요. 서울대 간 선배가 없었으니까요. 학교 공부는 딱히 서울대를 위한 준비를 했다기 보다는 전체적으로 봤을때 내신 준비랑 수능 준비를 했던 것 같아요.

공부법은?

언어는 듣기는 무난하게 나왔지만 쓰기는 좀 안 됐어요. 그거를 잘보면 언어시험 잘본거고, 그거를 못보면 언어시험 못본거고 이런식이었는데, 그거를 딱히 대비 했다기 보다는 전체적으로 문제를 풀었거든요. 중점적으로 풀었다기 보다는 모의고사 문제집 같은거 사서 하루에 지문3개, 쓰기 파트가 나오는 날이면 쓰기 파트만 다 풀고. 그래서 12

문젠가?를 매일매일 풀었어요.

ebs강의를 봤는데 선생님이 문제를 먼저 보라고 강조를 많이 했어요. 지문 읽기 전에 문제부터 읽고, 선택지를 보고. 그러면 그것만 보더라도 일단은 내용이 뭐에 관한 내용이고, 어떻게 정리 되는지 그러니까 내가 지문을 읽으면서 어떤 것을 중점적으로 봐야 되는지 잡히거든요.

그다음에 시험지에다가 체크를 했어요. 어떤 걸 봐야 되는지 문제에다 써놨어요. 선택지가 다섯 개가 있는데 문장 형식으로 쭉 나오잖아요. 시험시간이 급하다 보면 그게 눈에 잘 안들어와요. 그래서 중요한 단어, 꼭 봐야되는거 동그라미 쳐놓고 넘어가고 지문을 읽기 시작했어요. 그리고 문제들을 기억해뒀다가, 그 글을 읽으면서 그때 그때 풀었어요. 예를들어서 비문학 같은 경우에는「가나다라에 주제를 찾아라」그러면 가를 한번 쭉 읽고 주제를 찾아보고 지문이랑 맞는지 확인 해 보고 맞으면 긋고, 나 읽어보고 또 긋고, 다 읽어보고 또 긋고, 그니까 지문을 다 읽으면 문제가 다 풀려져 있어요. 그런식으로 했어요. 고1때 언어를 많이 헤매는데 뭐랄까 그냥 많이 풀어 연습이 축척된거 같아요.

수리같은 경우에는 제가 고1 때까지도 점수가 잘 나오는 편이였는데, 고2, 고3 넘어가면서 점수가 뚝뚝 떨어 졌어요. 그래서 고3 초까지만 해도 거의 5등급 나오고 많이 심각했습니다. 그래서 그때 꿈을 진지하게 생각해 봤어요. 그리고 학교 선생님 도움을 많이 받았죠. 학교 선생님이랑 1:1도 있었는데 강의 까지는 아니고, 검사맡고, 그 다음에 부족한 부분 설명해 주시고 그런식 으로요.

학원은 중학교 3학년때랑 고1 초까지 다니고 끊었어요. 원체 시골이라

학원이 하나 있었는데 그때 원장 선생님이 외국을 나가는 바람에 학원이 없어졌어요.

수학이 5등급까지 떨어져 약간은 위험 할 수도 있었는데 수학 자체에 투자를 많이 했어요. 주로 수학 위주로 공부 했고, 문제 많이 풀고, 또 문제 풀고나서 피드백을 바로바로 받았어요. 놓쳤던 개념같은 것도 바로바로 하고요. 선생님이 매워주는 형식으로 가니까 부족한 부분이 드러났어요. 개념만 딱 들었을 때는 머릿속에 잘 안들어와요. 그런데 문제를 풀면서 '아, 이게 이런말이였구나… 아, 아까 말했던 게 이런거였구나…' 이렇게 깨달아가는 그런 유형이였어요.

오답노트는 고3 때 만 했어요. 근데 그때도 다 한건 아니고 제가 푸는 문제집에서 주로 했어요. 공책 반 자른 노트 같은데다가, 헷갈리는 개념이나 중요하다고 생각하는 개념 아니면 책에 안나오는데 선생님이 말해준 개념, 이런걸 다 적었어요. 그래서 문제를 풀다가 생각이 안나면(책 뒤져 보면 한참 걸리잖아요) 그거 펴 보면서 바로바로 알 수있으니까 도움이 많이 됐구요.

외국어 같은 경우는 문법을 한번 딱 제대로 잡아 놓은게 많이 도움이 되었어요. 중학교때 학원 다니면서 한번 잡아놨는데, 도움 많이 됐어요. 이게 뼈대가 되니까 잘 흔들리지가 않더라고요. 문법이 한번 잡히고 나니까 글을 보는 안목 즉 글을 어떻게 쪼개야 되고, 문장을 어떻게 쪼개야 되고, 어떻게 해석해야 되고 이게 보이니까 문장읽기, 문제읽기가 편했어요.

단어같은 경우도 중학교 때는 학원에서 시키기도 해서(어떻게 해야될 지도 모르고 약간은 수동적으로 공부해서) 단어장 갖고 했는데, 고등학교에선 문제 5개 풀고 그 다음 맞춰 봤어요. 틀린 것만 보는게 아니라 맞은 것도 다 봤어요. 근데 맞은 것도 문장 하나하나 다 뜯어 보면서 거기서 주어 찾고 동사 찾고 그 다음에 관계사 구분하고, 이렇게 해서 문장 하나를 아니 글 하나를 분석하고 그 다음에 모르는 단어 밑에 적어놓고 넘어 갔어요. 단어는 그런 식으로 그때 그때마다 외웠어요. 나중에 모의고사나 수능같은 경우에는 단원들이 겹치기 때문에 모르는 단어는 그때 보고 또 잊어 먹더라도 다시한번 보고 많이 외웠어요.

듣기같은 경우도 매일 했어요. 책을 사면 1회분, 2회분 이렇게 나오잖아요. 저는 그 문제집 따라서 했거든요. 그 다음에 틀린거 위주로 다시한번 들어보고 또 잘 안들리는 거 있으면 스크립트를 보거나 아니면 거기 있는 말을 받아쓰기를 해봤어요. 뭔가 계속 하다보니까 저만의 푸는 방법이랄까 이런게 생겼어요. 그런데 많이 틀렸어요. 예를들면 "여자의 마지막 말에 대한 남자의 대답을 고르시오"라는 문제 나오는데 그게 매번 잘 안됐어요. 그래서 어떤 방법을 생각했냐면 일단 쭉 듣고 그 다음에 문제 안풀고 마지막 말을 적어 놨어요. 저만 알아 볼 수 있게 한글로라든지 영어로 쭉 적어놓고 그 다음 문제로 넘어 갔어요. 4문제가 연속으로 나오니까요. 바로바로 풀고 넘어 가기에 시간이 버겁더라고요. 신경 쓰다 보니까 다음 거를 또 놓치고 해서 그냥 쭉 듣고 "그 남자 마지막에 대한 여자의 답을 고르시오" 그러면 남자의 마지막 말을 적어놓고 넘어 갔어요. 듣기가 다 끝난 다음에 그 네문제만 따로 읽고, 지문 다시 선택지 읽고 , 다시 풀어보고 … 하면 시간 많이 뺏기지 않거든요. 한 1,2분내에 딱딱딱딱 되요.

아까 말씀 드린것 처럼 언어는 하루 지문3개 보고, 다시한번 리뷰하고,

체크하고 그다음에 그다음 넘기고… 영어도 아까 말씀 드린 것 처럼 하루 지문5개 보고 그 다음에 듣기 하고… 탐구같은 경우는 (수업시간이랑 보충시간이 잘 돼 있었어요. 중고 병설이다 보니까) 물리, 화학, 지구과학, 생물 선생님이 한분씩 다 계셨는데 저는 물리를 안했거든요. 그래서 3분이 수업시간에도 하고, 보충시간에도 문제를 많이 풀어 주니까 달리 시간을 낼 필요가 없었어요. 나머지는 수학에 다 쏟아 부었어요.

제가 제일 강조하고 싶은 것은 학교 수업 듣는거요. 학교 수업 듣는게 제일 중요하더라고요. 그 다음 수업시간에 안 자려고 노력했어요. 고3 때 잠이 너무 부족해(제가 잠이 진짜 많거든요) 어찌 할바를 모르겠는거에요. 그래서 수업시간에 안 졸려고 쉬는 시간마다 틈틈이 계속잤어요. 수업 시간에 선생님 말씀 하는거 안 놓칠려고요. 선생님으로부터 학교 시험에 대한 모든 정보가 나오잖아요. 그래서 한 마디도 안 놓칠려고 그랬어요. 그리고 멍~ 때리고 있다 혹시 놓친게 있으면 쉬는 시간에 옆 친구한테 물어 보았어요. 잠은 보통 한 새벽 2시쯤 잠들어서 7시 넘어서 일어나고 그랬어요.

저는 고2, 고3 때 중고등부 회장을 했어요. 원래는 2학년 때까지 하는건데 전도사님이 시키셨어요. 학생수가 별로 없으니까요. 저희 엄마가 대개 독실하게 믿으시거든요. 엄마는 "토요일날 공부 딱 마치면 주일까지 쉬어라" 그런 식이라서 그냥 교회가서 예배드렸어요. 그리고 또 제가 찬양팀을 중3 때부터 했거든요. 그래서 교회가서 음악도 하면서 대개 자유롭게 신앙생활 했어요. 고등학교 때는 주일 시간이 아깝긴 했는데, 엄마가 계속 말씀하시는게 "하루를 하나님께 드려라"였어요. 하나님께 헌신한만큼 하나님께서 더 많은 걸로 채워주실거라고 하셨어요.

이런 얘기도 하셨어요.

"주일날 네가 하루 버린다고 생각하는 만큼 다른날에 더 열심히 해서 보충해야한다."

근데 주말에 다른 애들도 공부하는 모습을 안 보여줬기 때문에 뭐 다같이 노니까 별로 문제 없었어요.

근데 제가 진짜 웃겼거든요. 그러니까 큐티라는 게 있는것도 몰랐어요. 대학와서 처음 알았어요. 전도사님이 성경 1년 읽기표 나눠줘서 해봤는데 그냥 좀 앞에만 읽다가 흐지부지 되고 그랬어요.

주일 예배 드리면 대개 지쳐있던 몸이랑 영적인것이 refresh되는 느낌이었어요. 그러니까 일주일 살아갈 수 있는 힘을 주일 받아서 가는거 같

있어요. 그래서 학교 생활에 지쳤는지는 모르겠지만 주일이 기다려졌거든요. 그날은 너무 자유 하니까요.

찬양에서 은혜를 좀 많이 받았어요. 찬양하는 순간 너무 기뻤어요. 그리고 찬양팀 준비하는 그 순간에도 너무 기쁘고 너무 감사하고 그런 느낌을 확 주셔서 고3 때까지 찬양사역도 계속 했어요. 공부하기 전에 말씀은 못 봤구요, 항상 공부하기 전에 기도하는 습관이 있었어요. 길게는 안하고 그냥 잠깐 동안이요.

"공부할 때 집중하고 잘 할 수 있도록 도와주세요."

이렇게 간단하게 기도하고, 시작했어요.

하나님을 믿고 자신을 드렸으면 좋겠어요. 그런 말씀 있잖아요.

"하나님이 자기를 구하고 찾는 자에게는 복을 주시고 상을 주신다"(히브리서 11:6 참조).

그리고 하나님은 예배받기를 기뻐하신다고 했기 때문에 열심을 다해서 예배하고 열심을 다해서 하나님께 헌신을 하면 정말 하나님께서 복을 주고 상을 주시는데, 그냥 자기 힘으로 하려고 하니까 어렵잖아요. 근데 자기 힘으로 하는거랑, 하나님이 힘 주셔서 하는거랑 어떤게 더 능력이 있을까 생각해 보면 당연한거거든요. 그러니까 좀 목적을 가지고 했으면 좋겠어요. 제가 경험해 봤어요. 목적이 없이 공부할 땐 정말 힘들고 의욕이 안 생겨요. 목적이 생기고 나서 부터는 왜 공부 해야되는지 무엇을 위해 공부해야 되는지 아니까, 의욕이 생기고 할 수 있는 힘이 생겼어요. 그러니까 힘들어도 목적을 생각하면서, 꿈을 생각 하면서 할 수 있게 됐어요.

선생님이라는 직업이 먼저 왔어요. 저는 중학교 3년을 다니는데 담임선생님이 한 번도 안 바꿨어요. 그래서 그분과 3년 동안 계속 같이 지내는데 그 분에게서 선생님으로서의 매력적인 것을 많이 느낄 수 있었어요. 선생님인데도 항상 공부하세요. 새로이 뭘 발견 한 게 있으면 학생들한테 막 얘기 해주고 그 다음에 한사람 한사람 케어하는 분이었어요. 그 선생님 싫어하는 학생들이 별로 없었어요. 그래서 그분을 보고 교사 꿈을 갖게 됐고, 그 분 보고 교사상을 제 나름대로 만들어 놨어요.

수학이라는 학문이 솔직히 어릴 때는 신기해서 막연히 좋았는데 고등학교 올라오고 성적이 많이 떨어지니까 고등학교때 담임 선생님이 "수학교육과말고 지구과학교육과를 지망하고 수학을 정말 하고 싶으면 나중에 대학원 가서 공부를 더 해서 전과를 해라"고 하셨어요. 그래서 집에가서 엄마랑 얘길 해봤죠. 다음날 엄마가 새벽기도에 가서 기도해보고 다음날 말씀해주시겠데요. 근데 어머니가 기도 하시고 나서 아침에 얘기 하셨어요.

"어떤 선택을 하던지 옳은 길로 이끌어 주시겠다고 하나님이 응답 하셨다. 그러니 그냥 쓰고 싶은데 써라."

그래서 그냥 수학교육과를 썼고, 또 감사하게 합격 했어요.

상투적인 말 같긴 한데 뭐든지 열심히 하라는 말을 해주고 싶거든요. 저는 공부 말고도 운동 하는 것도 진짜 열심히 했어요. 체육시간 끝나고 나면 완전 녹초가 될 정도로 막 뛰어 다녔어요. 뭐든지 열심히 하게 되면 그 분야에서 인정을 받는 거 같아요. 친구들 사이에서 대개 운동 잘 하는 이미지로 굳어지고 신앙생활하는 것도 열심을 다해서 하니까(사람들 눈에 비춰지는게 다는 아니겠지만) 대개 믿음있는 사람, 믿음있는 학생으로 비춰지더군요. 그래서 뭐든지 열심히 하라고 말 하고 싶어요.

08
공부 방법에 대해서도 공부하십시오!

정혜승
서울대학교 공과대학
기계항공공학부

전 사실 대학보다는 과를 생각했었어요.

대학에 연연해하지 않았거든요. 진짜요!

제가 인천 사람인데 다군에는 쓸게 없어서 I대를 쓰긴 했는데, 일부러 의대 같은데 안쓰고 과를 맞춰서 썼었어요.

I대를 가도 주님의 뜻이라고 생각하고 따를 생각을 하고 있었어요.

그런데 고3 들어가기전 겨울방학때 과를 많이 생각했어요. 교회에서 직업을 통해서 주님께 영광을 돌려야 된다고 말씀 하시는데, 내가 지망하는 과에 가서 무엇을 해야 그럴 수 있을까라는 고민이 되는거예요. 특히 제가 가고 싶어하는 쪽이 공대쪽 이였는데 도저히 매치가 안되는거에요. 그때는 과에서 사람들에게 복음을 전한다든가 그런게 전혀 없었고, 어떤 업적을 이룸으로써 영광을 돌린다는 생각만 했었거든요. 그래서 결국은 제 흥미가 많이 반영된 과를 결정하게 된 것 같아요. 그래도 기도는 "내가 어떤 방법으로 드릴지는 모르겠지만 그걸 통해서 하나님께서 일하셨으면 좋겠습니다"라고 했어요.

처음에는 과를 보고 생각했었지만 아무래도 더 좋은대학을 가는게 목표잖아요. 그래서 2학년때 성적이 갑자기 떨어졌었는데 다시 성적 올리고나서 계속 계속 서울대 준비 했어요. 고3때부터 논술준비를 했고요.

있어요. 특히 저는 공부방법에 대해서도 공부해야 된다고 생각하거든요. 저희 집이 풍족하지 않았어요. 저희가 4남매인데요. 교육비가 많이 드니까 학원, 과외는 아예 안된다는 생각을 가지고 공부 할 수밖에 없었어요. 돈 내고 듣는 인터넷 강의도 못듣고, 독서실도 못 끊고 문제집도 많이 못샀어요. 조금 제한된 자원으로 큰효과를 일으켜야 했어요. 부모님께 불만이 있었는데 나중에는 오히려 더 잘됐다는 생각이 들었어요. 이걸 통해서 많이 배웠거든요. 진짜 신기하죠. 그렇게 인도하시는게 대개 신기했어요. 그리고 저도 머리가 그렇게 좋은 편이라는 생각을 안했거든요. 그래서 어떻게 하면 내가 열심히 공부 할 수 있을까 라는 생각을 많이 했는데, 그래서 선생님들 한테 먼저 의존을 많이 했어요.

언어랑 외국어는 일단 언어잖아요. 감각을 잃지 않는 것을 중요시 했어요. 그래서 매일매일 했어요. 매일매일하면 다른거 할 시간이 부족하잖아요. 그래서 매일매일하되 조금씩 했어요. 언어는 하루에 5분씩 한적도 있었거든요. 수학공부하는 시간이 부족해서, 그렇게 해도 감각이 유지되니까 되더라고요.

언어에는 영역이 고전이랑 현대랑 비문학이랑 문법이 있잖아요.

1학년때는 고전을 다 끝냈고요, 2학년때는 현대를 다 끝내고, 3학년때 나머지 공부들을 다같이 하는식으로 했었는데 1학년 2학년때 열심히 해 놓으니까 3학년때는 그냥 감각만 유지하면 된다는 생각에 정말 5분씩만 해도 저는 되더라고요. 그래서 언어는 한번도 떨어진적이 없었어요.

어렸을때 책 많이 읽었어요. 애들이 좋아하는 책 읽혀도 사실 별 큰 상관 없다고 생각해요. 저는 책을 좀 편식했어요 그런데 인터넷 소설은 문체랑 표현이 너무 안 좋은것 같아요.

외국어는 영어 단어를 아침에 학교갈 때 외우면서 가고, 쉬는 시간에 잠깐 2~3분 외우고 그담에 점심시간에 줄 서서 외우고, 친구랑 같이 외웠거든요. 저는 20분동안 하루에 한번 보는 것보다 2분씩 열 번 보는게 훨씬 효과적이라는 생각이 들었어요 그렇게 하면 더 잘 외워지는 것 같았어요. 언어라는게 익숙해지지 않으면 너무 힘드니까 익숙해지기 위해서 자주 자주 보자라고 생각을 했었고요. 독해도 매일했고 듣기는 학교에서 하루에 20분씩 매일매일 시켜줬어요. 그래서 매일매일 하는게 중요하다고 많이 생각했어요.

수학은 원래 못하는 편은 아니였는데 수학을 공부하는 방법을 몰랐어요. 그래서 수업때도 맨날 자고 그러다 보니까 성적이 점점 떨어지더니 (그래도 2학년 때 까지는 계속 1등급이 나왔었는데) 3학년 들어가면서 부터 좀 휘청휘청 하더라고요 그래도 저는 위기의식을 느끼지 못하고 있었어요. 1등급이 2등급으로 떨어지고 2등급도 간당간당하더니 6월달 전국평가에 4등급이 나온거예요. 고3때요. 진짜 깜짝놀랐어요. 이거는 in서울도 못하겠다. 이거 어떡하나… 그래서 실수로 틀렸나보다 하면서 답지를 봤는데 다 몰라서 틀린거예요, 정말 비상사태잖아요. 그래서 엄마한테 이거 안되겠다고 어떻게 좀 해주면 안되겠냐고 그랬더니 엄마는 "이제 니 혼자 공부할수 있는 너의 능력을 믿어라"는 식으로 말씀 하셨어요. 그때부터 하루에 열한시간정도 공부를 했어요. 그런데 그 시간중에서 7~8시간을 수학공부만 했어요. 고3 때 6월달부터요.

제가 원래 영어도 좀 간당간당 했었는데 고2 겨울방학때 영어를 확잡다

보니까 수학이 갑자기 그렇게 문제가 생겨 버렸어요. 그때 수학은 진짜 단계별 이구나 라는 생각을 많이 했습니다. 그래서 고1꺼부터 다시 시작 했어요. 그런데 시간이 없으니까 차례차례 하기에는 너무 부족한거예요. 그래서 고1꺼는 실력정석 가,나를 사서 하루에 가 한단원 나 한단원씩 풀었어요. 그게 푼다기 보다는 정석은 주로 개념이 잘 돼 있어서 개념을 쭉 읽고 문제도 쭉 읽었어요. 그리고 저희 언니가 공부방법에 대해서 많이 알고 있었는데 그러더라고요.

"공부 잘 하는 애들 보니까 정석을 그냥 쭉 읽더라 너도 한번 그렇게 읽어봐라."

문제도 읽더라는거예요. 그런데 왜 그렇게 하는지 처음에는 몰랐는데 쭉 읽으면서 알았어요. 배웠던 거니까 복습하는 과정에서는 읽는게 더 도움이 된다는 생각이 들더라고요. 정리를 하는 차원에서 읽으면 문제 푸는 과정들이 생각이나고, 유형이 정리가 됐어요.

수학은 단원별로 개념이 잡혀 있어야 되잖아요. 백지를 줘도 단원명 다 쓸수 있을 정도로 머릿속에 개념들이 잡혀있고 방법들이 딱 정리되어 있어야 하니까 그런 것들을 통해서 정리를 했어요. 그다음에 문제가 쎈 유형 문제집을 가지고 공부를 했어요. 문제만 있는 문제집은 더 풀 시간이 없으니까 학교에서 진도 나가는거를 일부러 선택 했어요. 학교에서 시키는거 이상으로 제가 그냥 더 풀었어요. 그러니까 하루에 50문제 정도? 풀고 채점하고 풀고 채점하고… 했어요. 왔다갔다 해야된다고 생각했어요. 문제를 못푸는 이유는 개념을 모르기 때문이고 문제를 풀지 않으면 개념을 알지 못하잖아요. 그래서 두 개를 항상 같이봤어요. 공부도 과목마다 접근방법이 다르다고 생각했거든요.

일단 새로운 개념을 이해하려고 하잖아요 근데 수학은 일단 받아들여야 된다고 생각하게 됐어요. 일단 받아 들이고 문제 풀면서 어떤 성질들을 가지고 있는가를 이해 하면서 쉬운 문제들을 풀고 그 다음에 어려운 문제로 넘어가야 돼요. 개념을 제대로 이해하지 못하고 문제를 풀지 말아야 된다고 생각해요. 일단 받아 들이고 그것들이 익숙해지면 되는거 아닌가 생각하고, 지금도 그렇게 공부하고 있어요. 벡터가 뭐냐 벡터를 왜 이렇게 써야되냐 하면 답할게 없잖아요. 그냥 그렇게 만든거니까 이걸 이용하면 많은 것들을 풀수 있으니까 이렇게 만든거지 라는게 수학에 너무 많다는걸 깨닫게 됐어요.

과학은 고3 여름방학때 한번에 해도 된다고 그러잖아요. 저는 절대 비공감입니다. 과학이 한 달 안하면 까먹고 한 달 안하면 까먹고 그러니까 학교 진도 나가는걸 충실히 따라가고 내신을 열심히 했어요. 내신이 잘 나오진 않았는데 열심히 했어요. 내신을 하면 수능공부 할 때 훨씬 수월하더라고요. 그래서 내신을 일단 해놓고 나중에 까먹지 않게 일주일에 한 번씩 꺼내서 훑어보는 정도로요. 물리 선생님도 아예 수능 기출문제로 진도를 나가셔서, 먼저 개념을 예습해온 다음에 선생님이 수업나갈 때 수능 문제 풀이 같은거를 배워서 내신이랑 수능을 같이 공부했어요.

과학은 과목마다 다르긴 한데 생물이랑 지구과학은 외우는게 많으니까 그렇게 해도 되지만 물리랑 화학은 외우는건 절대 안된다고 생각해요. 특히 물리는 거의 수학이랑 비슷하게 공식 몇 개를 유도해서 그걸 적용하니까 단순 계산해서 되는게 아닌거 같아요.

과학은 매일 한시간씩 했어요. 시간 배분하는게 너무 힘들더라고요. 스터디 플래너를 사용했어요. 지금 과외하는 애들도 스터디 플래너를 꼭 하나씩 사주거든요, 스터디 플래너를 쓰지 않으면 시간을 1분 단위로 까지 쪼개 쓰는걸 못하잖아요. 근데 공부를 하려면 1분단위로 쪼개 쓸 수 밖에 없잖아요. 영어단어를 2분 단위로 보고 공부했으니까요.

일단 처음에 계획을 세울 때 그날 내가 공부할 수있는 시간을 쫙 표시하고 그 다음에 이제 공부해야 할 것들을 대충 생각한 다음에 그것들을 대충 비율을 정해서 껴 났어요. 그리고 공부하면서 엄청 많이 바꿨어요. 공부하다가 집중 안되면 꼭 플래너대로 하지 않고 바꿔서 하고 그랬어요.제가 하나에 집중을 못해서 일부러 30분이나 1시간 단위로 과목을 바꿔가면서 공부했거든요, 수학만 빼고요.

주일 교회가는 시간이 아까웠을텐데…

사실 그런생각도 좀 있었어요. 왜냐면 내가 이 시간에 공부를 하면 성적이 얼마나 많이 오를까 하는 생각이 들었었거든요. 근데 안된다고 생각 했어요. 그냥 어린 마음에 왜 그런지 모르겠지만 '일단 주일 성수는 기본이다'였고 거기다가 부모님이 교회 못가게 하니까 더 반발심이 생기는거예요. 원래 부모님이 교회에 다니셨어요. 저희 아빠가 저와 엄마를 데리고 가셨는데 이제 아빠랑 엄마가 안다니게 되시면서 세상사람들처럼 사셔요. 그래서 저 혼자 다니게 됐어요. 저희 가족이 6명인데 고3때는 저 혼자 다녔거든요. 교회서 위로를 받을 수 있을꺼라고 생각했나봐요.

주일날 예배하고 성가대하고… 그 이상은 안했어요. 고등학교 때부터 도망 다녔어요. 제가 공부 때문에 그런게 아니라 관계에 문제가 좀 있어서요. 고2 때까지는 부모님이 공부에 관해서는 절 대개 믿으셨거든요. 그래서 그렇게 터치를 안하다가 고3 때부터 아빠가 강하게 시작하시더라고요. 드디어 수능 두달 전부터 교회를 못나가게 하셨어요. 그래서 못나갔었어요. 대개 간곡하게 말씀하시더라고요.

"네가 교회 빠지면 공부 더 열심히 할 수 있는데 왜 그러냐? 그렇게 교회가 중요하냐?"

"네가 공부 열심히 해서 나중에 더 좋은 사람이 돼서 더 큰 일을 하는게 하나님께 더 좋은 일이 아니냐?"

저는 당연히 납득이 안가잖아요. 그렇다고 부모님을 설득하지도 못하고요. 그렇게 말씀 하셨지만 제가 받아들이지 않고 거기다가 수학성적이 4등급 나와버리니까 그때부터 이제 아예 교회에 못다니게 하셨었어요.

교회를 못나가는 2달동안 성적이 더 오르지 않았고, 마음상태도 어렵고 그러더라고요. 평소에 저는 월화수목금토일 다 학교를 갔는데 일요일은 성가대 연습이 다 끝나고 오후2시 쯤에 갔어요. 그런데 주일에 학교를 아침 9시에 가잖아요. 그럼 9시부터 2시까지는 공부가 진짜 안되는거예요. 그리고 뭐랄까… 제가 특강반에서 따로 특별히 애들 모아서 공부를 했었는데 거기 믿는 애들이 몇 명 있었어요. 근데 그 아이들은 열심히 교회를 다니고 있고, 성경을 매일매일 읽고 하는걸 보면서 너무 안타까운거예요. 그렇게 하면서 제가 느꼈어요.

"이 시간에 공부 해봤자 안된다!"

제가 너무 잘 아는거예요. 그때는 개인적으로 예배드릴 수 있다는 걸 몰랐어요.

저는 공부하면서 친구들을 많이 잃었어요. 공부 자체도 힘들었고요. 아까 말씀드렸다시피 제가 머리가 좋지도 않고 공부를 열심히 하는것도 아니였거든요. 오히려 제 주변 애들은 머리가 너무 좋은거예요. 저는 한 세번봐야 아는데 애는 한번보고 아는거예요. 한달에 문제집 몇 개씩 푸는데 저는 3달동안 문제집 한권을 못풀고… 그러니까 답답한 거예요. 그래서 다른사람들과 비교 하면서 열등감을 많이 느꼈어요.

친언니가 그런 것들에 열등감 느낄 필요없다고 많이 힘을 줬어요. 인생의 멘토에요. 나이 차이가 많이 나거든요. 근데 언니가 그때부터 친구 때문에 교회를 나가기 시작하는 무렵이였어요.

친구관계가 너무 힘들었을때는 도대체 내가 어떻게 해야 되는지 너무 몰라서 막 주님께 매달렸어요.

"내가 무엇이 부족해서 아니 내 어떤 약점들이 친구들을 떠나게 합니까?"라고 많이 붙잡았었고, 그때 내가 공부랑 친구랑 병립할 수 없다는걸 깨달았어요. "그럼 저의 입장에서는 어떤걸 선택해야 합니까? 공부를 조금 포기하고 친구들에게 좀더 시간을 쏟아야 하는 겁니까?"라고 여쭤봤었어요. 많이 여쭤봤었어요.

솔직히 교회일 하면서 공부를 못한다고 생각하는 이유가 시간 때문이잖아요. 그래서 뺏긴다고 생각하는 시간만큼 내가 다른시간에 투자하면 되는거 같아요. 그래서 저는 친구들을 포기 했어요. 그리고 공부하는 시간은 집중력이 필요한데 한계가 있는거 같아요.

교회를 가면 일단 말씀으로 많이 위로 받았어요. 그리고 교회학교 선생님들이 생활에 대한 충고와 조언을 많이 해 주셨는데 믿음생활에 많이 도움이 되었고, 많이 위로가 됐어요. 교회가서 힘을 받아오는 그런 느낌 이었어요.

지금 생각해 보면 예전에 신앙과 공부를 따로 생각했던게 너무 부끄러워요. 왜 그렇게 밖에 못했을까? 그때 주님을 인격적으로 만나질 못해서 그런거 같아요. 너무 후회돼요. 저처럼 공부와 신앙을 따로 생각하지 말고 매일매일 신앙과 함께 공부를 하면 좋겠다고 생각해요.

저는 제 자신이 서울대를 올 수 있는 실력이여서 왔다고 생각하지 않아요. 진짜 컷트라인에 간신히 간신히 진짜 하나님의 뜻이 있어서 보낸게 아니면 못올 성적이였어요. 내신도 그렇고 수능도 좀 망쳐가지고요. 그래도 일단 먼저 그런것 때문에 못온다는 생각을 버려야 되는거 같아요. 내가 머리가 좋지 않기 때문에, 집안이 어렵기 때문에, 그리고 또 뭐 우리 학교가 후져서… 절대 그런 생각을 안했으면 좋겠어요.

막판 뒤집기를 하려면 남의 도움이 많이 필요한거 같아요. 저 진짜 많이 도움 받았거든요. 무료 인터넷 강의 다 찾아서 듣고, 선생님들한테 문제집 달라고 해서 다 풀고 맨날맨날 질문하러 갔어요. 그리고 선생님한테 부탁해서 제가 이런 부분이 부족 하니까 이것 좀 해달라고 하면 선생님들이 알아서 커리큘럼짜서 이렇게 하라고 하시고 이런거 해 보라고 조언해 주시고 그랬어요. 그리고 괴외 가르치면서 느끼는건데 혼자 공부하던 과외를 하던 둘다 할 수 있긴 한데 과외같은거 하면 좀더 빨리 할 수있는거 같아요. 지름길을 알려주는 거라고 해야하나? 과외를 옹호 하는건 아닌데 빨리 막판 뒤집기를 하려면 과외도 필요한거 같아요.

교회를 간다고 해서 공부에 방해 되는게 아니고 절대로 절대로 시간을 뺏기는게 아니라는 생각을 하셨으면 좋겠어요. 고3 때 교회를 감으로 더 마음에 중심이 잡히고 의지가 잡히고 또 힘을 얻을 수 있다면 오히려 교회를 가야 되는게 맞다고 생각해요.

공부할 때 가장 중요한건 시간관리 같아요. 그다음은 과목별로 균형잡는거요.

시간배분을 할때 사람의 뇌와 관련된 공부 방법 많잖아요. 사람의 기억이라는게 단기 기억이랑 장기 기억으로 나눠지는데 단기 기억으로 먼저 받아 들여지고 그걸 장기 기억으로 넘기는게 공부잖아요. 그런데 그걸 에빙하우스가 4번을 해야된다고 했어요. 한시간 후, 하루 후, 일주일 후, 몇 달 후였나? 한달후였나?

근데 저는 그렇게까지는 못하고 그거 좀 따라서 그 날 안에 한번 복습하고 그 주안에 한번 복습하고 그 다음에 시험 보기전에 한번 복습하는 식으로 했어요. 예습은 2분안에도 할수 있는거 잖아요. 그냥 그날 뭐 배울지 보기만 하면 예습 끝나는 거라고 생각하고. 복습을 하는게 사실은 공부인거 같아요.

자세히는 기억이 안나는데… 사람 기억이 그날 들은걸 2시간 후에 50% 까먹고, 하루 지나면 95% 까먹는다고 해요. 근데 사람의 효율은 시간이 갈수록 점점 떨어지는데 기계 효율은 일정하잖아요. 그래서 사람은 적절하게 쉬지 않으면 효율을 높일 수가 없다는 말을 들은 적이 있어요. 그래서 저는 일부러 공부 안될 땐 그냥 쉬었어요. 그리고 저는 기억력이 안좋아서 그냥 무조건 다 썼어요. 제가 엄마한테 제일 많이 혼났던 것 중에 하나가 맨날 물건 잊어버리고 맨날 까먹고 한시간 전에 얘기해준거 기억도 못하고, 거실에서 부엌가서 물건 가져오라고 그러면 딴거 갖고 가고 좀 그런 식이라서 일부러 스터디 플래너에 모든걸 다 적어 놨어요. 공부 계획도 적어놓고 그 다음에 저의 결심이나 신앙적인 것들이나 아니면 숙제 같은거 친구 생일 같은거 다 적어 놨어요.

서울대를 와서 느꼈어요. 서울대 합격했을때!
저 떨어진줄 알고 합격 확인도 안했거든요, 선생님이 확인하셨어요. 일단은 제가 서울대 ccc에 와서 정말 많이 변화 됐어요. 제가 인격적으로 주님을 만나지 못했었거든요. 제가 교회에서 많은 힘을 얻었다고 그랬지만 힘만 얻었어요. 성경을 많이 배우지는 못했어요. 물론 제 자세가 문제가 있었겠죠. 저희 청소년부가 신앙적으로 성숙하지 못한 아이들도 많고 그러다 보니 분위기가 세속적이여서 제가 많은 것을 배우지 못하고 수련회에서도 한 번도 주님을 만난적이 없었어요. 저는 말씀생활을 어떻게 해야 되는지 몰랐어요. 그냥 끌리는 것만 잠깐 읽다 말았고, 율법적으로만 생각하고, 성경을 통독 해야겠다 생각하고 실패하면 자책하고 그런 식이였어요. 서울대 와서 신앙 활동 하면서 이것들을 배우게 하셨어요.

기계항공과라는 과안에서 세상적인 가치관들을 갖고 있는 친구들을 섬기게 하려고 하신게 아닌가 그런 생각을 많이 하고 있어요. 고등학교때는 피해의식이 많잖아요. 내가 왜 우리나라에 태어나서 이런 입시제도에 의해 공부를 이렇게 해야 되며 성적으로 평가를 받아야하는가… 그때 갑자기 새로운 제도가 도입됐어요. 내신, 논술, 수능- 트라이앵글? 죽음의 트라이앵글이요. 그런데 저는 오히려 그때가 기회였거든요. 왜냐면 수능도 그렇게 특별히 잘하는 편이 아니였고 내신도 그렇게 특별하게 잘하는 편이 아니였고 논술도 그렇게 특별하게 잘하는 편이 아니였어요. 이거를 균형을 잘 맞춰서 공부 했어요. 시험볼때 떨어진 줄 알았는데 합격하게 된 거 보면 하나님의 계획하심이라는 생각이 드네요. 저한테는 하나님이 인도하시는 하나님이셨거든요. 저를 정말 사랑하셔서 정말 선한 길로만 인도하시고 좋은 사람들을 만나게 하시고… 대학와서 많이 느꼈어요. 다른 사람들이랑 얘기하면서 많이 발견하게 되고요. 제가 이런 과정 속에서 엇나가지 않은 것이 정말 신기해요. 만약 교회 다니지 않았다면 내가 어떻게 살고 있었을까…

목표가 있지 않으면 힘든것 같아요. 서울대 기계항공이라는 목표가 있지 않았다면 그렇게 공부 안했을거 같아요. 다시 돌아가고 싶지 않아요.
하나님께 전공을 통해 영광을 돌리고 싶다고 했는데 어떤 비젼이 있는지? 를 막연하게 생각 했었는데 내가 뭔가 정말 큰일을 해서 하나님께 영광을 돌리면 되지 않을까 생각을 했었어요. 그러니까 업적을 남기는 일이요. 믿는 사람들이 사회적으로 많이 성공하는 것들을 봤으면 좋겠다는 생각을 했어요.

09

노력은 대신해 줄 사람이 없음을 기억하십시오!

김태형
서울대학교 자연과학대학
물리천문학부 물리학 전공1학년

사실 제가 고등학교 처음 올라와서 서울대나 연세대, 고려대가 있다는 걸 알아서, '아, 이중에 가면 좋겠다' 생각했어요.

중학교 때는 어느 정도 성적이 돼서 '아, 이렇게 열심히 하면 뭔가 좀 되겠구나' 생각했죠. 서울대만 바란 건 아니고, 그냥 '아, 나도 명문대 갔으면 좋겠다' 라는 게 있었어요. 고등학교 올라 가면서 저희 친척형이 연세대를 다녀서 저를 과외해 주었는데 그런 걸 보면서 가고 싶었어요. 처음에는 명문대를 목표로 했는데 서울대가 명실상부 최고라고 하니까 목표로 삼았죠.

중학교 때 '아, 계속 열심히 해야지 대학도 잘 가겠구나' 싶어서 중학교 때부터 하긴 했는데, 대학교 가려면 수능이 있고, 논술이 있다는 거는 고등학교 가서야 그냥 풍월로 들은 거죠. 그리고 선생님들이 공부 방법들을 많이 이야기 해 주시니까 수능준비도 해야 되고, 내신도 다져야 되는 것을 그때 알고 열심히 해야 된다고 깨우친 거 같아요.

근데 학교마다 프로그램들이 있잖아요. 저희 학교는 학원을 대체하려고 논술반을 준비해 주셨어요. 특성반을 만들어 좋은 대학 갈 수 있는 성적으로 잘 대비할 수 있도록 짤라 뽑아 따로 수업해 주셨어요. 학원은 겨울 방학 때 다니다가 그만뒀고, 일주일에 한 번 두 시간씩 과외를 했어요.

언어 같은 경우에는 영역별로 나눠지잖아요. 듣기, 문학, 비문학 그리고 어휘부분이 있는데, 저 같은 경우에는 처음에 듣기가 잘 안나와서 틀리면 안되니까 요약 정리해서 좀 완벽하게 하려고 했어요.

문학에도 고전 문학있고, 현대문학 있는데, 현대문학은 너무 많다보니까 그 느낌을 살리려구 문제를 많이 풀었었죠.

어떤 형식이 있고, 이런 거에는 이런 거다 라는 룰이 있으니까 그것에 기초해서 문제를 보려고 노력했어요. 문학 쪽은 ebs나 문제집이 잘 나와 있어요.

현대문학에도 소설, 극본 등 여러 가지가 있어요. 그래서 그 책들 다 사 가지고 매일 매일 조금씩 풀었거든요. 어떨 때는 시 쪽은 월,수,금 정해놓고 계속 하고, 화,목,토는 소설 쪽 하고 이렇게 계속 반복 하면서 감을 잃지 않도록 노력했어요.

문제였던 고전 문학은 아침에 듣기평가를 하고 나면 2~30분 시간이 있어요. 그러면 그때 그냥 읽는 거예요. 사실 고전은 한정돼 있으니까 쉬울 수도 있고 어려울 수도 있는데 그 범위가 한정돼 있기 때문에 자꾸자꾸 보다보면 결국 그 얘기가 그 얘기여서 축약이 되게 되죠, 그리고 고전 문학 같은 경우에는 암기가 내포되어 있어요. 원래 수능 형태는 암기 안해도 잘 생각하면 풀 수 있는 형탠데, 고전 같은 경우에는 그 의미가 딱 정해져 있기 때문에 너무 암기를 하려고 하지 않고 계속 몇 쪽씩 매일 매일 했어요. 세 네 번 본 거 같아요. 해설집이 있고, 문제가 있는 책을 사서 그 문제집을 세 네 번 볼 때 쯤 되니까 좀 익숙해지더군요. 그러니까 바로 바로 할 수 있는 실력이 되더라고요.

비문학도, 시간이 많이 걸리는데, 저는 그런 걸 잘 못했어요. 그런데 선생님들이 요령만 알게 되면 수능 막바지 때 공부 열심히 안 하게 된다고 스킬을 알려 주셨어요. 문제 먼저 읽고, 지문 본 다음에 그냥 읽으면 ㄱ,ㄴ,ㄷ이 잘 안 보이거든요.

비문학 풀 때쯤 되면 다급해져요. 지문도 길고. 그래서 ㄱ,ㄴ,ㄷ 다 표시하고 그다음에 이제 어디에서 쓰였는지 문제도 봐주고 그러니까 좀 더 수월하게 문제가 풀리더라고요.

수리 같은 경우에는 다들 얘기하지만 원리가 중요한데 자꾸 까먹어요. 예전에 배운 내용을 자꾸 까먹기 때문에 그거 나올 때마다 다시 한 번 개념원리를 봤거든요. 제 경우는 정석 같은 경우는 너무 딱딱한 내용이 많아서 수능이랑 좀 안 맞아요. 그래서 저는 정석 팽개치고 개념원리만 보면서 내용을 충실히 이해하려고 했고 그걸 이렇게 저렇게 활용했어요. 그러니까 수학적인 느낌이나 감각이 있어야 되요. 그러려면 자꾸 다시 봐야 되는데 새롭게 봐져요. 문제 다시 풀고, 그 내용을 다시 한 번 하면 다르게 보이고, '아, 이게 이런 맥락에서 쓰이는거구나'라는 걸 알게 됐어요.

제가 이과다 보니까 수1,2 그리고 선택 과목으로 미적분을 7월쯤부터 했어요. 수학은 다시 보는 게 중요해요. 선생님이 많이 강조하시더라고요.

"너희들이 몰라서 틀리는 게 아니라 (그니까 머리가 나빠서 틀리는 게 아니라) 자꾸 까먹어서 틀리는 거야."

문제 술술 풀다가 막히는 부분이 하나가 있어요. 그럴때는 원리만 그 개념만 딱 이해하던지 그것만 외우고 있으면 고3 막바지 가면 갈수록 술술 풀려요.

　오답노트는 만들려다가 실패했어요. 못하겠더라고요. 선생님이 어떤 대학교에서 온 오답노트 책을 줬는데, 몇 문제만 하다가 나중엔 못하고 그냥 문제, 문제마다 충실하려고 노력했어요.

　저는 수학 문제 풀다가 막히면 답 안 보고 풀릴 때까지 그냥 풀어요. 그래서 3시간 잡고 있을 때도 있었는데 확실히 도움 많이 되요. 그래도 안 되면 하루 쯤 지나서 한 번 풀어보고. 최대한 쓸 수 있는 공식 다 써보고, 그래도 몰랐을 때 선생님이 조금만 터치해 주시면 바로 알겠더라고요. 그래서 감을 잃지 않고 문제를 딱딱 풀어 낼 수 있는 능력이 필요해요. 저를 과외 하는 선생님들 보면 40분에 다 풀고, 한 문제 틀렸다고 그러던데, 저는 그런 거는 아니고 그냥 공부하면서 이해하려고 하고, 틀린 문제 있으면 다시 복습했어요. 막바지쯤에는 거의 이틀에 모의고사 하나씩 풀면서 마무리했구요.

　외국어는 제가 외국어를 좀 잘한다고 생각을 했었는데 근데 그게 아니었어요. 중3 때 외고 준비를 하려고 학원에 다녔었거든요. 그러니까 시험 대비하려면 기본적으로 수능에 있는 지문들은 쉽게 쉽게 풀 수 있는 정도가 돼야 되거든요. 오히려 외고 입시 준비하는게 더 어려워요. 그래서 독해는 늘었는데 다른 부분은 그냥 그대로 인거예요. 수능 하면 들은 바로는 5천 단어 정도 알고 있어야 수능 부담 없이 볼 수 있다는데 그래서 단어 외우는 것에 많이 주력했어요. 그래서 고1 때 까지는 내신 공부 하면서 문제집 풀고 그 정도였는데, 2학년 겨울 방학 때 문법도 설명을 잘 해

주시고 단어도 열심히 외우라고 하면서 격려해 주는 좋은 선생님을 만나서 그때부터 성적이 많이 늘었어요. 그때는 하루에 지문을 일곱 개 보면 모르는 게 백 단어씩 나오는 거예요. 그래서 죽어라 외우고, 죽어라 외우고 했는데 7월 달 되니까 많이 오르더라고요.

제가 처음에는 한 3등급 나왔어요. 근데 점점 올라가지고 7월 달에 1등급 나왔어요. 단어는 매일매일, 그리고 계속 지문을 보고, 단어 계속 정리하고, 조그만 수첩 하나에 정리해 자주 보니까 한 2개월 후 2천 단어 외웠어요. 중복되는 것도 있어요. 모르는 게 쌓여도 계속 보다보면 익숙해지더라고요. 한 천 단어 넘어가도 30분이면 복습 할 수 있고요.

문법 노트는 아예 따로 만들었어요. 그리고 수능에 나오는 문법이 좀 한정적이예요. 그래서 나중에 보면 뭐 1분 만에 푼다는 얘기가 있는데 저는 그 정도까지는 못했어요. 그냥 좀 보이더라고요.

또 ebs에서 나온 문법책도 하나 사가지고 풀어보았어요.

그런데 제가 듣기를 제일 못해서, 반타작하고, 충격 먹었어요. 고3 때 잘 나와 있는 책들이 있더라고요. 수능에 있는 듣기는 대화 형식으로 돼 있고, 스토리 뻔해 패턴을 외워야 되는데 그런 상황이나 맥락이나 이런 거에 대해서 한 책에 잘 나와 있더라고요. 그거 가지고 일단 단어 다 외우고 거기에 있는 주요하게 나오는 단어들은 거의 정해져 있는 편이니까 다 외우고, 일반적이고 기본적인 단어들은 해석할 필요가 없도록 외워놨거든요. 그러면 그 단어와 문장은 재끼면서 들을 수 있는 거예요. 그런 부분을 숙달하려고 처음에는 문장 노트를 하나 만들어서 다 적어놓고 외우고, 외우고 그걸 반복했어요. 그러니까 귀가 많이 트이더라고요. 단어를 모르면 안 들리고, 들을 수도 없었죠.

수학을 언어영역이나 외국어보다는 잘해서 언어, 외국어 비중을 많이 뒀어요. 그래서 야자를 밥 먹고 거의 6시부터 하게 되면 한 시간 정도를 언어영역에 먼저 투자했어요. 문제 푸는 시간만 생각하는데 그걸 해석하고 이해하고 왜 틀렸는지 평가하는 시간까지 있어야 되거든요. 그래서 30분정도 시간을 촉박하게 주면서 문제를 풀고, 그 다음에 왜 틀렸는지 확인하고 그런 걸 했어요. 언어랑 외국어는 월요일부터 금요일까지는 빠지지 않고 할 수 있도록 했어요.

수학 같은 경우에는 한 3~40분 투자해서 어려운 문제만 딱딱 뽑아서 정리하면서, 다시 한 번 상기해보는 시간을 가졌어요. 외우는 것도 까먹게 되면 다시 생각하는 게 어렵거든요. 그래서 기본적인 거는 외우고, 공식은 추론할 수 있도록 계속 그걸 연습 했어요. 까먹어도 베이스만 있으면 만들어 낼 수 있으니까요.

과탐이랑 사탐은 고1때 까지는 애들이 좀 어려워해요. 무슨 내용이 나올지 잘 몰라서… 과학 자체도 좀 어려워하는 애들도 있고요. 기출문제도 별로 없고 20문제 밖에 안 되니까, 30분 시간 주는데 다 풀어도 15~20분 사이 다 풀더라고요. 저도 거의 10분 안에 풀 수 있도록 했어요.

일단 과학은 이해가 중요해요. 문제집을 푸는 거는 3~4월때 기출문제

모아둔 500제, 600제 문제집이 있는데 화학 같은 거는 잘 못해서 2권정도 풀었고, 나머지 같은 경우는 1권씩 풀고, 물리는 좀 많이 풀어서 3000문제 정도 풀고, 나머지도 비슷하게 1000 문제씩은 푼 것 같아요. 근데 기본적인 걸 안다고 해서 과탐을 잘 하는 건 아니거든요. 가르쳐주는 건 대개 한정적 이예요. 그래서 활용하는게 중요해요. 그리고 뻔 한 게 많아서 대부분의 것들은 추려지고요, 나중에 문제 풀 다 보면 2~300문제만 풀어도 '아 이게 거기 그 내용이구나' 라는 걸 다 알게 되요. 근데 과탐에서 나오는 개념들이 있어요. 그것만 정리해주면 과탐은 거의 끝나는거죠. 틀린 것 보는 건, 시간이 오래 걸리니까 그걸 안보고 이제 앞에 있는 걸 보면서 '아, 이 개념에서 내가 틀렸었지' 하면 더 확실하게 정리가 돼요. 과탐이라고 해도 외우는 것도 많으니까 그런 것 들을 놓치지 않으려고 했죠. 잘 맞을 수 있으니까.

고2~3때
교회생활

어머니는 믿는데 아버지는 안 믿어요. 근데 이혼하셨기 때문에 교회가는 건 아버지는 터치 안하시고 어머니는 오히려 더 가라고, 주일만큼은 절대 빠지면 안 된다고 하셨어요.

저는 모태신앙이긴 하지만 중1때 예수님을 영접했어요. 그래서 각종 학생회나 행사들, 기도회, 토요예배, 그 다음에 놀고, 주일예배 참석하고 계속 하다보니까 중3 때 임원을 시켰어요. 그때는 총무고, 고1 때는 회계로, 고2 때 회장했어요. 그래서 고2 때는 주일은 거의 교회에서 살았어요. 고3

때도 수련회에 갔어요. 가고 싶어서요. 고2, 고3 형들 보면 교회 왔다가 빨리 가는 데 그러고 싶지 않은 거예요. 행사만큼은 참여하고 싶었고, 너무 노는 거는 좀 재끼긴 했는데, 예배 참석하는 거는 반드시 지키고, 공과공부도 같이 참여했어요. 안타까운 것은 공과공부까지 한다고 실력이 떨어지는 거 아닌데, 조금 나누고 가는 건데, 거기서 또 활력을 찾을 수 있는데… 그냥 가는 애들 보면 대개 아쉽더라고요.

그래서 저는 공부도 하고 교회생활도 열심히 하려고 했죠. 솔직히 학교에서 공부하는 시간보다 교회에 있는 시간이 마음 편하고 좋았어요. 제가 공부를 한다고 하지만 이해되지 않는 부분도 많았는데 하나님이 지혜를 많이 주셨어요.

야자가 밤10시에 끝나는데 교회에서 9시에 기도회가 있어요. 그럼 선생님한테 양해를 구하고 교회를 갔죠. 8시에 준비해서 가서, 9시에 30분 정도 찬양하고 기도하는 시간 가지고 다시 10시 가까이 학교로 돌아와서 11시까지 야자 하고 나서 집에 가고 그랬어요. 그렇게 하는게 당연하다고 생각했어요. 제가 처음에 예수님을 영접했을 때 기도회를 통해서도 은혜를 받았거든요. '하나님이 살아계시고, 나를 인도하시는구나', '정말 하나님 없이는 살수 없구나'라고 생각했어요. 그러니까 매달리게 되기도 하고요. 어쩔땐 의무적 일 때도 있었는데, 정말 하나님을 사랑한다면 이정도는 내려 놓을 수 있다고 생각했어요. 그래서 계속 갔고 그때마다 참 좋았어요. 제가 기도를 잘 못하고, 좀 힘들어하는 편이지만 참여하는 시간들이 참 귀하더라고요. 그때그때 그 뭔가를, 내가 드릴 건 별로 없지만, 돈도 없고, 뭐 시간을 낸다해도 별거 없는데 그렇게 드릴 수 있다는 게 참 좋았어요. 즐거운 시간이였어요.

힘들 때는 솔직히 성적 떨어질 때죠. 내가 남들보다 더 열심히 하는 거 같은데… 쉬는 시간에도 단어 좀 보려고 하고, 점심시간에도 쪼개서 밥 빨리 먹고 준비해서 큐티 하고 그 다음에 30분정도 공부했는데… 열심히 하는데도 성적이 계속 떨어지는 거예요. 고3 때 모의고사가 쪼금 오르다가 팍팍 떨어지니까 엄청나게 좌절이 되더라고요. 그리고 쟤는 노는 거 같은데 나보다 성적이 너무 잘 나오는 거예요. 열 받기도 하고 안타까워서 "하나님 저 어떻게 해요?" 하고 울기도 했어요. 정말 답답하고… 특히 모의고사는 힘들더라고요. 힘들때는 낙담이 되니까 공부가 잘 안 되는 때도 있어요.

그런데 그렇게 하루 이틀 지나면 다시 평소의 힘으로 회복시켜 주세요.

"이제 니가 잘될 거야 힘내!"

이런 건 아니지만 이 힘든 가운데서 하나님이 나를 지켜주신다는 걸 생각했어요.

"아 지금 저 힘이 없는데요."

"지금 안 되고 있는데요."

"왜 저 안 되죠?" 하면서 답답해 할 때도 있었는데, 그럴 때 하나님이 새 힘을 주셨어요. 원래는 기도해야 되는데, 사람이 답답하면 기도 안할 때도 있잖아요. 그래서 안 하기도 해보고, 다시 붙잡기도 하고, 그래서 말씀 읽는 거는 꾸준히 하려고 하고… 그런 생활을 계속했죠.

그래서 고3 때 성경을 제일 많이 읽은 거 같아요. 힘들수록 더 의지한 거 같아요. 그러면 막 지혜를 주세요. 그리고 친구들이 저한테 모든 영역의 문제를 물어보러 오는 거예요. 그러면 제가 답변을 다 해 줄 순 없는데 그때마다 지혜를 주셔서, 제가 모르는 것도 물어보면 갑자기 지혜가 생겨 제가 풀어 주는 거예요 막. 그러면서 그런 부분에서도 실력을 채워주시더라고요.

시험기간에도 애들 찾아오면 좀 마음이 아프거든요. '아 나도 해야 되는데' '나도 아직 못했는데' 그러면 거기에서 한 두 문제씩 나와요. 하나님이 개념을 다시 한 번 정리할 수 있는 계기가 되게 만드시고 역사 하시더라고요. 하나님이 그런 부분에 대해서 채워주셨어요. 친구들에게 "나 바쁘니까 안돼"라고 하며 봉사할 때 내가 열심히 해서 얻어 놓은 것을 한순간에 뺏기는 그런 느낌이 들거든요. 그런데 애들한테 알려 줄때 대개 재밌더라고요. 즐거웠어요. 그러니까 부담도 되지만 또 즐거움도 되는 거예요. 애들한테 저도 못하지만 "아 우리가 다 할 수 있는 거야"라고 희망을 심어주고 싶었거든요. 그러면서 헌신하는 것에 대해 배웠어요.

"… 나의 달려갈 길을 마치고 믿음을 지켰으니… 면류관이 예비 되었으므로…"(디모데후서 4:7~8). 위 말씀을 붙잡으니까 대개 힘이 나더라고요. "하나님이 채우신다", "하나님이 인도하신다"는 걸 느꼈어요. 점심시간에 큐티 계속 했거든요. 제가 좀 게으른 감이 있어요. 밤12시나 1시에 자고 그러면 아침 7시나 6시반에 일어나기가 진짜 힘들더라고요. 그때 그냥 퍼질러 있다가 그냥 앉아만 있다가 밥도 뭐 한두 숟갈 떠먹고 마니까 그때는 큐티 하기가 너무 힘든 거예요. 그래서 아침에 딱 일어나서 그냥 짧게 "하나님 감사합니다. 오늘도 힘주세요" 정도만 기도 하고 점심때 좀 깊이 있게 말씀을 읽고 적어보고, 기도가 너무 힘들 때는 그냥 무슨 얘기하고 있는지 모를 때는… 그냥 내 기도를 적었어요.

"하나님 너무 힘들어요. 지금 힘든데…" 하면서 마지막에는 "감사해요 하나님" 이러면서 결론 짓고 "열심히 할게요 도와 주실걸 믿어요" 그랬어요.

찬양 같은 경우는 한 노래를 잡고 계속 듣거든요. 그리고 여러 노래를 들어서 딱히 뭘 들었다고 얘기하기는 좀 그러네요. 기도보다는 솔직히 찬양이 쉬워요. 제가 볼 때는 기도는 노동인거 같거든요. 하나님과 대화하는 건데, 그 과정에서 회복이 있어야 되는 거니까 그런 부분에서 노동이 될 때가 있는데, 찬양은 쉽고 내 마음에 와 닿기도 했어요. 그래서 찬양들을 쓰기도 했어요.

"나의가장 낮은 마음" 이란 찬양을 좋아했어요. 정말로 감사하더라고요. 나는 낮은데 하나님이 세워주시고 이끌어주시는걸 보면서요. 제가 초등학교때 게임중독이었거든요. 중학교 때까지도 그래서 고치기가 힘들었는데 하나님이 게임을 점점 멀어지게 하시더니 고쳐 주셨어요. 그리고 아버지한테 좀 맞았어요. 그러나 하나님이 적절하게 인도하셨어요. 그 부분에 대해서도 터치해주시고. 중학교 때도 몸이 많이 약해서 학교 다녀오면 바로 자고 다음날 학교가고 그럴 때도 있었거든요. 잔병치례도 많이 했고요. 그런데 점점 때에 맞게 낫게 하시더라고요.

그리고 고등학생 되면 생활들이 힘들어지잖아요. 밤10시까지 공부해야 되니까요. 붙어 앉아서 하니까 그 시간들이 대개 힘들었어요. "아 진짜 못

견디겠다 이 생활을 어떻게 견디냐" 이러면서 보냈는데 그럼에도 체력이 점점점점 약해질 것 같았는데 오히려 좋아지더라고요. 감기도 잘 안 걸리고 편식도 고쳐 주시더라고요. 마늘이나 콩 종류 안 먹었는데 어느 순간 "어 이거 뭐지? 맛있네?"하면서 먹고 있어. 그러면서 기쁨도 느낄 수 있도록 해주셨어요.

먼저 대학의 선배로서 얘기 하면 사실 정말 어려워요. 저도 눈물 쏟으면서 대학교에 가까스로 온 면이 없지 않아 있는데, 노력은 대신 해줄 사람이 없다는 사실을 기억 했으면 좋겠어요. 하나님 잘 믿으면 무조건 잘 되고 좋은 대학 가는거 아니거든요. 다만 이제 남들과 비교해서 너무 못한다고 좌절은 하지 말기를 바래요. 자기 입장에서 자기가 할 수 있는 그 수준에서 최선을 다하는게 중요해요. 그러면 어느 순간 잘하는 애보다 잘하게 되어 있거든요. 공부라는게 자꾸 쌓아 올라가는 거 잖아요. 그래서 기본에 충실하다보면 나중엔 잘하는 애들보다 판별을 잘 해요. 문제도 왜 틀렸는지 맞았는지를 알고 나중에 가면 공부 잘한다고 하는 애들보다 잘해요. 개네는 대충하는 면도 있거든요. 그래서 자기가 할 수 있는 영역에 대해서 그냥 최선을 다하고 계속 자기를 돌아보면서 개선하고 그런 머리 아픈 과정을 계속 겪어야 좋은 성적을 얻을 수 있어요. 최선이 하나님의 영광이 된다는 걸 꼭 기억해 두세요.

신앙적인 측면에서는 확실히 공부를 해야 되는 상황들이 겹치는데 결국에는 수련회도 좋지만 매일 매일의 삶속에서 고백하는 신앙들이 됐으면 좋겠어요. 형식적으로 큐티하는 것보다 마음을 드리는 5분이 한 시간 예배보다 더 나을 수 있다는 걸 생각했으면 좋겠어요.

사실 처음에는 핑계라고 생각했는데 그 사람 나름대로의 입장은 저도 이해해요. 대개 압박이 되고 힘들다는 거요. 근데 그 부분 만큼은 시간을 내려놓았을 때 더 큰 좋은 결과가 있거든요. 저도 공부하면서 과제가 많은데도 신앙 동아리 활동을 하는데 그 시간을 투자하면 그 나머지 시간을 좀 더 효율적으로 활용 할 수 있게 하나님이 지혜를 주세요. 법칙 같아요. 하나님께 월,화,수,목,금,토,일 모든 시간을 다 드릴 순 없죠. 새벽 기도부터 다 참여하고 수요예배도 가고 금요철야예배도 가는 것도 하나님께 은혜가 될 수 있지만 그것 보다는 주일 예배 만큼은 참여하고 그 나머지의 시간도 참여 할 수 있다면 좋겠어요. 그런다고해서 상황이 뒤틀리고 못하게 되는 건 아니니까요. 마음의 문젠 거 같아요. 결단이 필요해요. 그러면 나머지 시간들을 활용할 수 있게 되요. 사람이 목적에 따라서 시간을 쓰게 돼 있거든요. 마음을 정해놓고 시간을 쓰는 거예요. "시간이 이렇게 정해져서 내가 이렇게 살 수 밖에 없어"가 아니라 자기가 이거를 빼기로 작정을 했으면 그것에 맞춰서 다른 시간들이 조정 되거든요. 대학 와서 많이 느꼈는데, 그런 부분들을 알고 하나님께 내어드렸으면 좋겠어요.

그런 건 솔직히 없어요. 원리를 계속 반복 한게 노하우라면 노하우에요. 잘하는 애들도 쳐지는 게 그것 때문이에요. 한 두 점 차이로 지거든요. 그런 세밀한 것까지 볼 수 있는 눈이 생기면 그때부터 차이가 벌어지고 잘하게 돼요. 그건 확실해요. 기본적인 문제부터 확실히 이해하고 그 다음부터 좀 더 어려운 문제를 하면 좋아요. 하다보면 가장 쉬운 개념을 재끼고 그냥 쭉 풀거든요. 근거 찾아서 봐야 되는데 잘하는 애들은 그걸 안하고 가는 경우가 있거든요. "아 이거 당연히 풀 수 있지" 이러면서 틀려요.

저도 고3 때 서울대에 올 실력이 안됐어요. 아예 서울에 있는 대학에 올 실력이 안됐어요. 내신은 1.5등급 나와서 됐는데 수능이 전부다 3등급인 거예요. 그러면 거의 서울 안에 있는 대학을 오기가 쉽지 않거든요. 그리고 좋은 과는 선택할 수도 없죠. 공부하면서 좌절도 했지만 하나님 붙잡고 했더니 고3 처음에 비해서 60점 이상 올랐어요. 그래서 11322로 돼 서울대학교 올 수준까지 됐더라고요. 수능 전에는 430이였는데 450까지 올랐어요.

그러니까 포기하지 마세요. 저도 서울대학교는 커녕 서울 안에 있는 대학도 못 올 실력이었는데 하나님이 채워 주셨어요. 그러니까 기도하고 준비하고 또 열심히 하세요. 저는 세 개의 대학을 넣었는데 다돼서 골라서 갈 수 있는 입장이었어요. 엄마도 깜짝 놀라면서 하나님께 감사했어요.

또 마지막 수능 때도 수리영역을 하나 틀릴 수 있었는데 마지막 1분전에 고쳤거든요. 그런데 맞았어요. 3번 계속 반복해서 봤거든요. 저희 때는 수리가 쉬워서 100점 안 맞았으면 2등급 이였어요. 근데 제가 100점 맞아서 1등급이 됐거든요.

하나님의 은혜로! 정말! 감사하게!

그렇게 돼서 이렇게 서울대에 왔어요.

10
자신에게 맞는 공부 방법을 찾고 입시 전략을 세우십시오!

강태화
서울대학교 공과대학
전기공학부

저는 공부할 때 처음부터 의대나 약대 쪽 생각은 안했습니다. 적성에 안맞는다고 느꼈고, 저랑 안어울린다고 생각했어요. 왜냐하면 그쪽은 생명을 직접 다루잖아요. 근데 저는 그런 생명을 맡을 각오도 없었고, 돈을 벌고 싶은 것도 아니어서 처음부터 의대 갈 생각은 전혀 없었습니다. 그런데 어디 갈지는 많이 고민 했어요.

이공계쪽에서 의대 약대 빼고 진학 할 수 있는 데가 크게 따지자면 자연대, 공대, 사범대 밖에 안남잖아요. 그런데 자연대는 고등학생 때는 모르잖아요. 선생님들이 못번다고 말씀 많이 하시거든요. 그래서 그거 재껴놓으면 사범대랑 공대 남는데, 둘 중에 고민을 하다가 아무래도 공대쪽이 더 잘 맞을 거 같아서 공대 쪽으로 방향을 잡았습니다. 그래서 학교는 고등학교 때까지 어느 정도 공부를 했었으니까 공대쪽으로 유명한데를 목표로 서울대, 포항공대, 카이스트 이렇게 3개를 잡고 준비를 했었어요.

그러다가 수시를 서울대, 포항공대, 카이스트 3개를 썼는데 카이스트는 서류에서 떨어지고, 포항공대는 2차면접을 봤는데 후보가 된거예요. 거의 떨어진거죠. 그래서 서울대 하나 남았는데 이렇게 수시로 왔습니다.

저는 지역균형선발이라는 전형을 미리 알고 있었어요. 저희 학교가 그 지역에서 잘하는 고등학교는 아니였어요. 아직도 비평준화 지역이라서 고등학교 시험보고 들어가는데, 저희 고등학교는 그 학군에서 두 세번째 되는 학교였어요. 중3때 어느 고등학교 갈거냐 선생님들이랑 상담하면서 그냥 장학금 같은거 좋은 조건으로 가게 됐어요.

2005년도부터 지역균형선발전형이 있었거든요. 제가 고등학교 올라간 게 2005년도 였구요. 그래서 서울대 갈려면 내신 열심히 준비해야 되겠구나 생각하고 준비했습니다. 카이스트나 포항공대는 2학년 때 부터인데 카이스트나 포항공대는 논술쪽이 아니라 심층 면접쪽을 보잖아요. 그래서 수학, 과학쪽을 깊게 알아야 돼요. 그래서 그때부터 심층 면접 준비라고 해서 좀 어려운 교재, 경시대회 준비 교재, 저희 학교 기숙사 선생님들이 모아놓은 자료 같은거를 보면서 2학년 말부터 조금씩 심층 면접 준비를 했고, 서울대는 내신공부를 열심히 했습니다.

공부방법

먼저 계획 세우는 거에 대해서 설명하고 싶습니다. 일단 계획을 세울 때는 무리하지 않게 세웠으면 좋겠어요. 계획을 세울 때 너무 무리하게 세우게 되면 작심삼일 하게 됩니다.

자기가 할 수 있는 게 어디까지인지 내 능력이 어디까지인지 자신의 능력을 파악하는 거 중요합니다. 지피지기면 백전백승이라고 하잖아요. 일단 자신을 아는 것이 굉장히 중요하다고 생각해요. 그래서 먼저 스스로를 알았으면 좋겠습니다. 먼저 '내가 어느 정도까지 공부할 수 있는가?', '내가 어느 정도까지 공부하면 질리지 않고 집중을 할 수 있으면서, 효율적으로 공부 할 수 있는가?' 그거를 알았으면 좋겠습니다.

그래서 맨 처음에 공부를 시작할 때 '나는 한 시간 이상 공부할 수 없겠다' 싶으면 한 시간부터 시작하면 됩니다. 그 후 자꾸 자꾸 늘려나가면 됩니다. 첫 주에는 한 시간 동안 매일 공부를 하고 이걸 성공했다면 3시간 늘려보고 4시간 늘려보고 차근차근 늘려 가면 됩니다. 처음부터 무리할 필요는 없습니다. 시간이 적다고 생각해도 이게 자꾸 쌓이게 되면 엄청난 시간이 되거든요. 그리고 이 버릇을 자꾸 유지시켜 가다보면 어느새 계획을 잘 세우고 공부할 수 있는 자신을 보게 될 거에요.

그리고 계획 없이 공부하는 것에 대해서도 말하고 싶은데 계획 없이 공부하는 게 잘 맞는 사람도 있어요.

그런데 계획 없이 공부를 하다보면 자기가 뭘 공부해야 될지 모르는 경우가 있습니다. 그래서 자기가 좋아하는 공부만 하게 되고, 공부를 분명히 하긴 했는데 하루 지나고 나면 뭘 공부했는지 모르는 학생이 있어요. 그래서 공부는 최소한의 계획 정도는 세워 두는 게 좋은 것 같습니다. 전체적인 틀이라도 잡아두고 공부하면 아주 계획이 없이 공부하는 것보다는 조금은 낫거든요.

그리고 계획을 세울 때 융통성을 발휘했으면 좋겠어요. 자기가 집중 할 수 있는 게 세시간이면 세시간으로 잡는 게 아니라 다섯시간 정도로 잡아서 조금 여유를 두고 하십시오.

하루를 지내다 보면 어떤 일이 발생할지 모릅니다.

갑자기 급한 친구의 연락이 올 수도 있고 갑자기 부모님과의 약속이 생길 수도 있고 그리고 자기가 계획을 세워 놨는데 그 계획을 세운 뒤에 그 뒤에 또 미리 약속했던 게 생각날 수도 있습니다. 그러니까 융통성 있는 계획을 세워서 언제나 자기가 활용 할 수 있는 시간 그런 시간들을 자기가 잘 파악해 두는 게 중요하다고 생각합니다.

그리고 "몇 시간 잤느냐?"는 질문을 받았습니다. 근데 수면시간은 개인마다 맞게 조정하는 게 좋을 거 같습니다. 저희 서울대 들어온 동기들이나 선배님들 이야기를 들어보면 2,3시간씩 자고 박카스 7병씩 마시면서 공부한 분들도 있습니다.

하지만 8시간씩 충분히 자고도 들어온 분도 있어요. 자기에게 맞는 수면시간을 찾는 게 중요합니다. 잠을 무조건 줄이게 되면 몸이 피곤합니다. 몸이 피곤하게 되면 깨어있는 시간에 맑은 정신으로 깨어 있을 수가 없습니다. 그래서 오히려 책상엔 앉아 있는데 멍하게 있는 시간이라던가, 조는 시간이 굉장히 많아지게 됩니다. 그러면 공부의 효율성이 떨어지게 됩니다. 공부하는 시간보다 중요한건 효율입니다.

그래서 깨어있는 시간 동안에 얼마만큼 맑은 정신으로 공부 할 수 있는가, 이게 굉장히 중요하다고 생각합니다. 그래서 수면시간은 자기가 피곤하지 않은 시간이 얼마 정도인지 내가 얼마 정도를 자면 깨어 있을 동안에 집중을 해서 공부 할 수 있는지를 자신이 잘 파악해서 공부하는 게 좋습니다.

무조건 적은 시간도 좋지 않고 그렇다고 너무 많은 시간도, 좋지 않습니다. 적당한 시간을 찾으십시오. 그렇다고 '나는 13시간 자야 안 피곤해' 이런 건 곤란합니다. 그런 사람은 없습니다.

최대한 8시간 정도로 잡고 그 정도로 공부하는 게 적당 할 것 같습니다.

또 하나의 방법은 자기만의 비법을 찾는 것이 좋습니다. 옆 친구를 바라보십시오. 똑같이 생긴 사람은 없어요.

바라보면서 웃지 말고- 어쨌든 모두 다 생긴 게 다르듯이 자기만의 맞는 여러 가지 공부의 색깔이 있습니다. 시중에 나온 공부비결 책들을 보면 공부방법이 모두 다 일치하진 않는다는 걸 발견하게 될 것입니다. 그들은 그들에게 맞는 공부 방법을 찾았고, 그 공부 방법으로 열심히 공부한 끝에 자신이 원하는 목표를 이룰 수 있었습니다. 그래서 자기만의 공부 방법을 찾는 게 중요합니다.

"분명히 책에서 하라는 대로 했는데 왜 성적이 안 오를까?"라고 하는 학생들이 있습니다. 그래요, 안 오를 수 있습니다. 왜냐하면 그 공부방법이 자신에게 맞지 않는 공부방법이기 때문입니다. 그러니까 자신에게 맞는 공부 방법을 찾는 것이 중요하다고 생각합니다.

그래서 노력을 많이 해야 되는데요. 노력의 중요성은 아무리 강조해도 지나치지 않습니다. 만약에 "나는 아무리 노력해도 성적이 안 나와"라고 하는 사람이 있다면, 이건 자기만의 공부비법을 찾는 노력을 안했기 때문에 성적이 안 나오는 것입니다.

결과적으로 노력을 안했다는 소립니다. 효율적인 공부를 해야 합니다. 자기만의 방법을 찾아서 자신에게 맞는 방법대로 공부를 하면 효율은 배가 됩니다.

노력을 하지 않고 공부하면서 좋은 성적을 기대할 수는 없습니다. 성적은 정말 한만큼 나옵니다. 물론 머리가 아주 좋아서 적게 공부해도 성적이 잘나오는 사람도 많습니다. 대학교에서 느낀 거지만 저희 학교 같은 경우에 전국에서 1등하는 애들만 모입니다. 근데 1등한 애들만 모이면 그 모이는 중에서도 또 1등에서 꼴등까지 나눠지지 않습니까? 신선한 충격입니다.

하여튼 그들은 모두다 자신만의 방법으로 노력을 하고 있을 것입니다. 제 옆 친구를 봤는데 그 친구는 공부도 별로 안하는 거 같은데 성적이 잘 나옵니다.

하지만 그들은 그들 나름대로 노력을 했습니다. 나와 똑같이 놀았지만 그 친구는 밤에 내가 잘 때 그 시간에 공부를 했을 수도 있습니다. 보이지 않게 공부를 하는 애들도 있습니다. 쿨 해보일라고, '나는 공부 안하는데 성적 잘나온다' 과시할려는 애들도 있습니다.

그래도 그들은 그들 나름대로 노력을 하고 있어요. 전 그래서 항상 노력하는 자세가 필요하다고 생각합니다.

다음은 문제집에 대해서 얘기하고 싶습니다. 문제집을 여러 종류 푸는 것을 권하고 싶지 않습니다. 그 대신 한권을 풀어도 정확하게 푸는 것을 권하고 싶습니다. 수학 문제집을 풀어도 여러 권을 푸는 것보다 한권을 정확하게 푸는 것이 훨씬 더 중요하다고 생각합니다.

문제집을 만든 사람들은 전부다 그 분야에 어느 정도 전문가들입니다. 그 사람들은 학생들이 뭘 배워야 할지 알고 있습니다. 그런 내용들이 전부다 문제집에 들어가 있습니다. 결과적으로 모든 문제집이 어느 정도 유사성을 가지고 있고 가르치고자 하는 내용이 똑같습니다.

그러므로 한 문제집을 정확하게 푸는 것이 중요합니다. 한 문제집을 내가 더 이상 모르는 내용이 없을 때까지 정확하게 풀어 더 이상 틀린 내용이 없을 때까지 공부하는 것이 문제집을 6권 7권 푸는 것보다 훨씬 더 중요하다고 생각합니다.

그 문제집을 내가 완전히 이해하고 난 다음에서야 비로소 다음 문제집으로 나가는 것이 훨씬 더 효율적이고 비용적인 면에서도 더 좋습니다. 선생님이랑 친해져서 문제집을 받는 방법도 있겠죠. 근데 선생님과 모두 친하진 않을 것입니다

선생님이 싫은 사람도 있을 수 있습니다. 그래서 저는 여러 가지 방법이 있다는걸 말해주고 싶은 겁니다. 뭐 이렇게 공부하는 방법도 있고 저렇게 공부하는 방법도 있고 자신만의 비법을 찾으라는 거죠.

그리고 인터넷 강의를 활용하면 굉장히 좋을 것 같습니다.

요즘은 네트워크가 발달해서 서울의 명강사들의 인터넷 강의를 어느 정도 적당한 비용으로 들을 수 있습니다. 그분들은 그 분야에 전문가들입니다. 어쩌면 학교선생님보다 더 철저할 수도 있습니다.

왜냐면 학교 선생님들은 철밥통이라고 하잖아요, 안 잘립니다. 그래서 노력하지 않는 선생님들이 많습니다. 인격적으론 훌륭하신 분들이지만 실력 면에서는 학원 강사보다 딸릴 수가 있습니다.

근데 인터넷 강의 강사들은 못하면 바로 잘립니다. 이들은 다 밑바닥부터 그리고 뭐 ebs 등을 거쳐서 올라온 분들입니다.

그분들은 그 분야에 대해서 어떡하면 학생들이 재밌게 공부를 잘 할 수 있는가에 대한 비법을 가진 분들입니다. 그래서 이런 인터넷강의를 잘 활용하면 더욱 더 좋은 성적을 거둘 수 있을 거라 생각합니다.

그런데 여기서 주의할 점이 있습니다.

인터넷 강의를 듣다보면 역시 컴퓨터로 하기 때문에 딴 짓을 하게 됩니다. 네이트온 세이클럽 타키… 등. 켜놓고 하지 마세요. 자꾸 쪽지 날아옵니다. 그럼 대화하다 보면 인터넷 강의 끝나 있습니다. 뭘 배웠는지 모릅니다.

예, 이런 큰 단점이 있습니다.

그리고 제가 고등학교 때 인터넷 강의 붐이 분 적이 있습니다. 그래서 친구들이 너도 나도 인터넷 강의를 막 10개씩 5개씩 신청하고서 인터넷 강의만 듣습니다. 하루 종일 자율학습 시간에 복습 안합니다. 그런데 기억이 안 납니다. 분명히 강의는 많이 들었는데…

한 강의에 10만원씩 해서 5강의 50만씩 썼는데 왜 성적이 안 오를까요? 복습 안해서입니다. 인터넷 강의만 들었기 때문입니다.

자기 것을 만드는 작업이 훨씬 더 중요합니다.

복습은 정말 중요합니다. 예습보다 중요한 건 복습입니다. 그래서 인터넷 강의를 들어도 자기에게 필요한 것만 들어야지 필요하지 않는 강의를 듣는 것은 오버라고 생각합니다.

자기에게 필요한 강의만 듣고 복습을 하면서 완전히 자기 것으로 만들면서 문제를 풀고 그 강의를 듣고 활용하는 것이 좋다고 생각합니다.

다음으로 말하고 싶은 건 전략을 세우라는 겁니다.

입시는 전략입니다.

대학교마다 수많은 전형들이 있습니다. 지금 서울대학교만 해도 수시모집과 정시모집으로 크게 나눠지고 수시 모집 중에서도 지역균형선발이란 전형도 있고, 특기자 선발이란 전형도 있고, 정시에서도 일반 전형 그 외에 수많은 전형들이 있습니다. 그리고 저희 대학교 뿐만이 아니라, 다른 대학교 보면 각 학교마다 정말로 수많은 전형들이 있습니다.

그리고 각자에게 유리한 전형들이 있을 거에요. 찾다보면 좋은 정보를 많이 알게 될 것입니다. 3학년 진학부장 선생님들은 이런 정보에 대해서 빠삭하게 알고 있으니까 그런 분들을 많이 활용하면 좋을 것 같습니다.

아니면 인터넷을 활용하는 것도 굉장히 중요한 방법입니다. 그 학교 홈 페이지에 가면 그 학교의 전형에 대한 설명들이 많이 나와 있습니다. 그 래서 그런 전형들에 대한 설명을 통해서 정말 자기에게 유리한 전형이 어 떤 건지 파악해서 대학을 지원하는 것도 하나의 좋은 전략이라고 생각합 니다. 저 같은 경우도 수시모집에 지역균형 선발 전형을 통해서 서울대에 입학했는데 제가 수시를 쓴 지역균형선발이라는 전형은 내신80%이고 면 접이 10%, 서류가10% 들어갑니다. 내신 성적이 좋으면 붙을 수 있는 전 형입니다 그에 반해서 정시의 일반 전형 같은 경우에는 수능 성적이 굉장 히 좋아야 하고 그 다음에 내신은 그다지 비중이 높지 않습니다.

그래서 모의고사보다 내신 성적이 훨씬 좋다면 수시모집 쪽을 생각해 보는 게 좋습니다.

그러나 내신은 별로 안 좋지만 모의고사는 정말 잘 보는 사람들은 정시 모집을 선택하고, 그 다음에 국가 유공자 자녀는 더 쉽게 대학을 들어갈 수 있는 전형들이 있습니다. 그래서 자신에게 맞는 전형들이 어떤 건지 전략을 잘 세우는 것이 굉장히 중요하다는 겁니다.

고2 학생이랑 이야기를 나눴는데, "성적이 안돼서 포기했어요. 안 돼요"라고 하더군요. 왜 포기합니까? 시간 많습니다. 고2라면 아직도 1년 이상 남았습니다. 1년 이상이 짧은 기간 절대 아닙니다.

지금 고3도 백여 일이 남았다고 해도 절대 짧은 기간 아닙니다. 모의고사 충분히 50점, 100점 올릴 수 있는 기간입니다. 왜 포기합니까? 포기하는 순간 자신의 가능성에 한계를 그어버린 것입니다. 그런데 자신이 그어버린 한계는 절대 뛰어 넘을 수 없습니다.

하지만 자신이 꿈을 가지는 순간 "난 할 수 있다", "난 어느 대학 갈 수 있어", "나는 어느 과에 갈 수 있어"라고 하는 순간 가능성은 0.1% 라도 생깁니다.

로또 당첨될 확률이 얼마인지 아십니까? 벼락을 2번 맞을 확률이라고 합니다. 0.1% 보다 낮습니다. 그런데 1등 당첨되는 사람 매번 나오지 않습니까? 그러면 그거보다 더 높은 가능성이 생깁니다.

그렇다면 절대 포기할 이유가 없습니다. 절대 꿈을 포기하지 말고, 자신의 가능성을 제한하지 말고, 자신이 꼭 할 수 있다는 믿음을 가지고, 끝까지 최선을 다해서 꿈을 이루었으면 좋겠습니다.

고등학교때 학생회 활동을 전혀 못했습니다. 학교에서 2주에 한 번 집에 보내주는데 토요일날 나갔다가 주일 오후에 들어오거든요. 주일 교회는 안 보내줘요. 대예배 참석 정도만요. (미션스쿨이었어요. 물론 수련회도 안보내주는 미션스쿨이였지만… 저는 그게 대개 불만이였습니다. 몇 번 항의도 해보았는데 안되더라고요. 보충학습 스케줄에 뭐 차질이 생긴다나 뭐라나… 요즘 그런 무늬만 미션스쿨이 많아요. 동산고처럼 확실하게 좀 해야 되는데) 기숙사에서 너무 완강하게 그러니까요. 그래서 학생회를 못 해보고 수련회를 못 가본게 굉장히 아쉽습니다. 고등학교때 교회에 대한 추억이 없다는게요.

그래서 주일 예배만큼은 정말 열심히 나갔는데, 주변에 같은 기숙사에 있는 애들 보면 교회 다니는 애들도 시험기간 되면 교회 안가는 애들이 꼭 있어요. 그런데, 솔직히 열람실 보면 책상에 애들 쫙 앉아 있으면 불안할 수 밖에 없잖아요. 나는 예배 때문에 몇 시간 동안 공부를 못하는데 애들은 그 시간에 공부를 하니까, 그런 마음들이 있단 말이예요. 그래서 시험기간에 교회 안가는 애들이 생기는거 같습니다.

근데 제 생각은, 정말 하나님이 전능하신 분이라면 그걸 채워줄 수 있다고 믿어요. 이 말씀도 있잖아요.

"너희는 먼저 그의 나라와 그의 의를 구하라. 그리하면 이 모든 것을 너희에게 더하시리라"(마태복음 6:33).

저는 이 말씀을 믿었습니다. 지금 대학교 와서 고등학교때 믿음 생각하면 좀 우습지만 그런 생각을 가지고 있었다는게 제 스스로한테 기특한 거 같아요. 주일 만큼은 따로 시간을 내서 하나님께 예배하면 정말 하나님께서 채워주실 것을 믿었던게 대개 도움이 됐어요.

저희 교회는 비전의 삶이라는 큐티집이 있어요. 매월 나오는데 아침에 먼저 읽었습니다. 그 다음에 또 교회 집사님이 청소년 매일성경을 주셨었는데, 그것도 좋았어요. 그걸 읽으면서 큐티하면 정말 신기하게 그날 필요한 말씀이 딱 나와서 마음이 대개 좋았어요. 그리고 큐티 말씀 카드가 있어요. 그걸 갖고 다니면서 보는 것도 좋았고, 많이 위로를 받았어요.

찬양은 제가 ccm 쪽에 대해서 몰랐어요. 왜냐면 학생부를 못가니까요. 대예배를 가면 찬송가 밖에 안부르잖아요. 그래서 별로 붙잡을 수 있는 찬송이 없었어요. 제가 지금도 물론 미성숙하지만 그때는 정말 미성숙했거든요. 그래서 그때는 교회 사역에 대한 마음이 그렇게 많지 않았던 것 같기도 해요. 제가 대학교 와서 기독교 동아리 할 줄 그때 전혀 예상치 못했습니다. 저는 마술동아리나, 공연하는 동아리 이런거 하리라 생각했습니다. 그리고 붙잡은 말씀은 방금 얘기한 것처럼 큐티하면서 격려와 위로와 용기를 주는 말씀을 붙잡았어요.

가장 스트레스 받는거는 한만큼 점수가 안나올때요. 특히 저는 언어랑 외국어는 잘나왔는데 수학이 마지막에 3학년때 난조를 부렸어요. 제가 시간 투자하는 비율을 보면 수학7, 언어1, 외국어1, 과탐1 이런식으로 분배를 해요. 그런데도 점수가 가장 안되요. 그럴때 가장 스트레스 받았습니다.

해소방법은 더 열심히 공부를 했어야 했는데, 주로 '에이 몰라' 하면서 스트레스를 거의 잠으로 풀었어요. 기숙사에서 잠은 밤 12시부터 6시까지 6시간 밖에 못자게 해요. 그래서 저는 자율학습 시간을 주로 이용했죠. 창문 밖에서 보면 공부하는 줄 알아요. 공부하는 자세로 잠을 잤거든요. 저는 지금도 그렇게 잘 수 있어요. 어떤 자세로든 잘 수 있는 스킬들이 있지요. ㅎㅎ

저는 자기가 낭비하고 있는 시간을 한번 체크해 보라고 말해주고 싶어요. 공부하면서 딴 생각한다든가, TV를 보든가, 컴퓨터를 한다든가… 그럼 그 시간을 일주일에 한번 모아보라고 얘기하고 싶습니다. 주일까지 포함해서요. 그래서 그시간이 정말로 예배드릴 시간과 맞먹지 않는가 계산해 보십시오. 저는 지금도 내 생활 체크해 보면 일주일에 솔직히 10시간 이상은 허비해요. 시간은 자기가 만들기 나름이잖아. 뭐 잠을 10분씩만 줄여도 일주일이면 1시간이잖아요. 물론 이론적 일 수도 있지만!

하나님께서 채워 주신다는 것을 믿었으면 좋겠어요. 하나님은 전지 전능하신 분이시잖아요. 정말 자기가 크리스천이라고 생각 한다면 하나님을, 그분의 전능성을 믿었으면 좋겠어요.

그리고 목표가 있으면 좋다는 생각을 해요. 만약에 목표가 없는 친구라도 공부는 열심히 했으면 좋겠어요. 왜냐하면 자기가 나중에 원하는 목표가 생겼을때… 만약 그게 의료 선교다면 공부를 잘해야 되잖아요. 근데 그걸 만약 고3때 깨달았다고 생각해 보세요. 그럼 이미 늦었잖아요. 내 성적이 내 꿈에 걸림돌이 되지 않았으면 좋겠어요. 그러니까 이루고 싶은 목표가 일찍 잡히면 그걸 놓고 할 수 있잖아요. 그리고 목표가 안 잡히더라도 성적이 방해되지 않도록 일단 열심히 해놓고 보면 나중에 선택할 수 있으니까요.

목표 설정이라던가, 공부하는 목적을 모르겠다는 애들이 있어요. 이런 애들에게는 니가 나중에 정말 하고 싶은 걸 찾았을 때 성적이 그게 방해가 되선 안되지 않느냐는 얘기를 해주고 싶고 그런 것들을 좀 알았으면 좋겠어요.

정문
Main Gate
C62 중앙도서관
Central University Library
C60 행정관
Administration Building
C73 문화관
University Culture Centre
A71 체육관
Gymnasium
A97
A150
G65 교수회관
Faculty Club
A85 수의과대학
College of Veterinary Medicine

공부할 때는 겸손하게
시험칠 때는 당당하게 하십시오!

임수영
서울대학교 사회과학대학
심리학과

제가 어떻게 공부를 했었는지 이야기를 나눠 볼까 합니다.

먼저 공부할 때 어떻게 하는지 참 궁금합니다. 제 주변 친구들이 공부 할 때 보면 다 봤다고 하고 자신 있다고해요. "어제 한 번 봤어", "두 번 봤어"라고도 얘기해요. 그러면서 아이들은 대부분 정말 다 아는 것처럼 이야기를 합니다. 하지만 제 경험에 의하면 공부를 조금 하면 다 아는 것 같은데, 사실은 많이 할수록 모릅니다.

내가 뭘 모르는지 어떤 부분에서 모르는지가 자꾸자꾸 발견이 되고 불안해져요. 그래서 시험 공부할 때 마음이 불안해질수록 공부를 많이 했다고 생각을 하면 됩니다. 마음이 편안해지고 왠지 100점 맞을 거 같으면 공부 덜 한 겁니다.

네, 그래서 몇가지 공부 원칙을 소개하겠습니다.

1. 공부할 때는 겸손하게 시험 칠 때는 당당하고 자신감 있게 하십시오

공부는 아무리 많이 해도 다 한 것이 아닙니다. 공부를 다 했다는 것은 불가능 합니다. 교수님들 조차 자기가 모르는 게 많다고 하는데 어떻게 기껏 학생이 다 안다고 하겠습니까? 공부 할 때는 겸손한 게 가장 중요합니다. 알수록 모르는 것이 보이고 많이 안 했을수록 다 아는 것처럼 느껴진다는 거 명심했으면 좋겠습니다.

그리고 공부를 했으니까 시험을 쳐야겠죠? 시험장에 딱 가서 시험지를 받았습니다. 어~ 그런데 일번부터 모릅니다. 그렇다고 책 볼 수 있습니까? 그 순간 책 펼치면 컨닝입니다. 이 순간에 어떻게 하면 되느냐?

저 같은 경우는 문제 다 보고 "딱 알겠다?"고 하지 않았습니다. 모르는 거 많았거든요. 그럴 때 들었던 생각은 "기왕 책 볼 수 없다. 그래 난 이거 다 알고 있고 답이 날 찾아올 거다. 당당히 치자. 기왕 치는 건데 뭐 밑져야 본전 아닌가? 당당하게 자신감 있게 치자" 라는 생각으로 시험에 임합니다.

"공부할 때는 겸손하게 시험 칠 때는 당당하고 자신감 있게!"

이게 저의 첫 번째 공부원칙이었습니다.

당당하게 시험을 치지 않으면 오는 부작용이 있습니다.

어떤 부작용이 올까요? 1번에 1번을 했습니다. 다시 한 번 확인 할 때 3 번 같습니다. 헷갈리기 시작합니다. 그러다가 바꾸죠. 그런데 정답은 1번 이었습니다. 틀렸습니다. 자, 이 경우 이 사람은 자신이 처음에 찍었던 답 에 자신이 없습니다. 그래서 자신감 있게 문제를 푸는 것은 굉장히 중요 합니다.

2. 공부는 하는데 외우고는 있는데 지금 하고 있는 공부가 뭔지 알아 야 됩니다

저 아직까지 기억나는 거 있어요. 중학교 때 「활석방형인정석황강금알 아 모스 굳기계」 - 배웠습니까? 네 이거 아직까지 기억이 나는데요. 저는 이것을 외우면서 그냥 활석, 석고, 방해석 ... 이렇게 외우지 않았습니다.

이걸 모스 굳기계라는 것을 생각하고 외웠습니다. 다시 말하면 지금 내가 무엇을 공부하고 있는지를 알아야 한다는 겁니다. 그냥 무작정 외운다고 능사는 아닙니다. 그래서 제가 드리는 키는 단원 제목과 단원 목표를 분명히 하라는 것입니다. 그래서 이것을 기억하고 책을 공부 하고 그리고 공부한 것을 확인하기 위해서 앞으로 돌아가는 것입니다. 단원 목표 옆에 이렇게 나오죠? 이번 단원에서는 1번 무엇무엇을 알아보자 2번 뭐뭐를 알아보자 3번 해보자 이렇게 나오잖아요.

그 옆에다가 내가 서술형 시험문제를 치고 있다고 생각하고 내가 공부한 것을 내 말로 풀어서 적어 보는 것입니다.

공부 할 때 한 번 보고 덮어버리죠?

다 봤으니까! 근데 다 본 게 끝이 아닙니다. 다 본 다음에 그 본 것을 책을 덮고 내 말로 표현 할 수 있어야 됩니다.

옆의 사람에게 내가 무엇을 공부했는지 설명할 수 없다면 그 사람은 공부를 덜 한 것입니다. 그러면 시험 칠 때 답을 꺼낼 수 없겠죠? 내 말로 표현 할 수 있고 내가 이야기 할 수 있다는 것은 내 머릿속에 내거로 가져갔다는 것이고 시험을 칠 때도 분명히 꺼낼 수 있다는 것입니다 그런데 내 말로 표현할 수 없으면 그 사람은 공부를 덜 한 것이기 때문에 한 번 더 봐야 됩니다.

그래서 단원 목표 옆에 답을 적어보는 거 그리고 그것이 내 말이라는 거 확인하였음 좋겠습니다.

3. 가르치는 것입니다

내가 나의 선생님이 되는 것입니다 시험 기간 중 제 목소리를 들으면 사실 소리가 맑지 않습니다. 제 원래 목소리는 낭랑한 목소리입니다. 그런데 왜 비웃으세요? ㅎㅎ

원래 허스키한 목소리가 아닌데 목을 심하게 쓰면 허스키한 목소리가 됩니다.

이것을 왜 설명을 하느냐면 저는 시험기간 때마다 허스키한 목소리가 되었습니다. 그리고 저희 집은 다른 집과는 달리 시험기간에는 TV 볼륨을 높였습니다. 저 때문에 부모님이 뉴스를 볼 수가 없었거든요

그 말은 저는 공부를 할 때 소리를 치면서 제가 저를 직접 가르쳤습니다. 직접 가르치기 공부를 해보면 알겠지만 가르칠 때 오히려 공부가 더 잘되고 내 것이 됩니다. 가르친다는 것을 아까 제가 말했던 나의 말로 바꾸기와 통하는 것입니다.

가르칠 수 있다는 것은 내가 알고 있다는 것이고 가르칠 수 있다는 것은 내가 알고 있는 것을 내 말로 표현할 수 있다는 것입니다. 그래서 저는 제가 학생이라 생각하고 또 제가 나의 선생님이라 생각하면서 외우자마자 그것을 저에게 말을 하면서 가르치기를 끊임없이 반복하면서 공부를 했습니다. 허공에다가 대고 외치면서 공부를 할 수 있습니다.

허공에 대고 가르치는 것입니다 마치 숨어있는 군중이 내 앞에 있는 것처럼! 내가 강사가 되어서 막 가르치는 거예요. 그러면 앞에 있는 학생들이 막 잘 알아듣는 거 같은 기분이 들고 오히려 뿌듯해지고 공부가 훨씬 더 잘되는 경험을 했습니다.

그리고 저는 그냥 이렇게 가르친 것만이 아니라 손으로 쓰기도 했습니다.

다시 말하면 책을 보고 암기하고 손으로 쓰고 그것을 다시 보고 말로 하고 내가 말한 것을 다시 듣는 것입니다 그럼 몇 번 반복이 되죠. 적어도 세, 네번은 반복이 됩니다. 그것도 동일한 시간에 똑같은 시간을 들여서 세, 네번을 반복하는 공부를 하게 되는 것입니다.

앞의 분들이 공부 방법을 이야기 했을 때 참 다양한 공부법들이 나오죠? 그런데 이것이 다 각자 방법대로 공부를 해서 성공했기 때문에 당당하게 말하는 겁니다. 그런데 공부법은 다르지만 공통점이 있습니다.

첫 번째 반복했다는 것이고요, 두 번째 최선을 다해서 노력했다는 것입니다.

많은 사람들이 어떤 방법을 기대 하냐면 띵까띵까 가만히 앉아서 놀면서 공부하는 방법을 원합니다. 그런데 그런 방법을 얘기하지 않으면 서운해 하고 "뭐야 이거 다 똑같잖아. 시중에 나오는 책이랑 다르지 않은데" 하고 이야기 하죠.

하지만 단 한명도 심지어 천재 같아 보이는 아이도 그것을 알기 위해 노력을 한다는 걸 명심하기 바랍니다. 그 누구도 노력 없이 아무것도 얻어 가는 것이 없고 누구에게도 노력하라고 말하고 싶습니다.

자, 내 말 만들기 그리고 나에게 공부를 시키기, 나의 선생님이 되기 그리고 허공에 대고 가르치기 공부법을 말했죠. 그리고 또 어떤 공부 방법이 있을까요?

4. 친구에게도 가르쳐 주는 것입니다

학교를 가보면 좀 뒤에 등수 있는 아이들 혹은 공부를 좀 못하는 친구들이 공부를 잘하는 친구에게 물어보는 것을 볼 수 있습니다. 뭔가를 가져가서요. 경험했을 거예요. 물어본 친구도 있을 것이고 직접 친구를 가르쳐본 친구도 있을 겁니다. 그리고 심지어 공부를 잘하는 친구들조차 나랑 동급 혹은 못하는 친구나 잘하는 친구에게 가져가서 물어보죠.

그런데 물어본다는 것은 그 친구가 헷갈렸고 모른다는 건데 대부분 모르는 게 비슷합니다. 그리고 이 때 물어보는 것은 굉장히 중요하고 헷갈리기 쉬운 것들입니다. 그래서 그 친구들이 무엇을 물어보는지 학교에서 가만히 지켜보았으면 좋겠습니다.

그리고 그것들을 체크를 하고 그리고 그거 안다 하더라도 한 번 더 체크하고 점검하고 넘어가는 습관을 들였으면 좋겠습니다. 그래서 이것도 또 하나의 저의 공부 방법이었습니다.

그리고 이제 가르쳤으니까 배워야겠죠. 저는 세상에서 제일 잘난 사람이 아닙니다. 저는 못난 점이 너무나도 많고 제 주변에 너무나도 잘난 사람들이 많습니다. 중고등학교 때도 마찬가지였습니다.

그래서 생활 할 때 항상 이런 마인드를 가졌으면 좋겠어요.

「모든 사람에게는 배울 점이 있다!」

공부뿐만이 아니라 인격적인 면이나 인성적인 면에도 배울 점을 찾아

봤으면 좋겠습니다. 그 누구도 나보다 못난 사람은 없습니다. 또한 나보다 잘난 사람 많겠죠.

그렇다고 해서 자괴감이나 자존감에 빠지라는 것은 아닙니다. 그 누구도 나보다 못난 사람이 없다는 겸손한 마음을 항상 가졌으면 좋겠다는거죠.

아까 모르는 거 친구에게 가져가서 물어보라 했죠? 그리고 모르는 거 어떤 거 친구들이 물어보는지 점검하라 했죠?

다음은 친구들뿐만이 아니라 수업시간에 선생님에게 배우는 거에 대해서 말하고 싶습니다. 가만히 보면 어떤 친구들은 선생님에게 사랑받는 친구들을 미워하고 왕따 시킵니다.

그런데 그 이유가 무엇인지 아십니까?

그 친구가 물론 싸가지가 없을 수도 있어요.

선생님의 사랑 받는 아이가 좀 재수 없어 보일수도 있습니다.

그래서 왕따를 시키겠죠.

그런데 그 모든 밑바탕에는 '나는 지금 선생님에게 사랑받지 못하고 있어'가 전제되어 있습니다. 그 아이가 그 선생님에게 똑같이 사랑을 받게 된다면 그 아이는 그 친구를 더 이상 왕따 시키거나 미워하지 않을 것입니다

근데 어떻게 하면 선생님에게 사랑받을 수 있는지 아십니까?

공부를 잘하고 못하고를 떠나서 선생님 눈을 많이 바라보는 아이가 사랑받습니다.

저도 그래요. 제가 얘기를 할 때 제 눈을 잘 쳐다봐주고 저에게 집중해 주는 친구들에게 마음이 가고 관심이 갑니다.

처음부터 선생님이 우리의 성적을 알고 있지는 않아요.

우리의 성적표보다 먼저 우리의 태도가 선생님들을 만나게 합니다. 선생님 눈을 부담스러울 정도로 똑바로 쳐다보고 있으면 선생님이 관심을 가지게 되고 그 이후에도 우리들을 바라보면서 선생님이 이야기를 하십니다. 그렇게 되면 선생님 눈을 피할 수가 없겠죠. 이미 우리는 눈빛으로 신뢰관계가 형성된 사이가 됩니다. 물론 수업시간에 선생님 눈 바라보고 있는 게 힘들 수 있습니다 그리고 딴 생각이 날수가 있죠. 그래서 멍하게 허공을 쳐다보거나 멍하게 바닥을 쳐다보거나 할 수가 있어요. 하지만 이 순간에도 눈동자는 어딘가를 응시하고 있다는 것을 기억하십시오. 그리고 그 응시 점을 멍하게라도 선생님을 쳐다보십시오.

그러면 수업시간내내 선생님을 바라보고 있는 것이 되고 선생님은 그러한 사람에게 또 한 번 신뢰감을 던져주십니다. 공부의 성적과는 상관없이 선생님이 관심을 가져 주실 것입니다. 대부분의 공부 잘하는 친구는 이점을 놓치지 않고 있기 때문에 선생님이 사랑해 주시는 겁니다. 그 친구의 성적에 앞서서 말이죠. 꼭 이것을 기억했으면 좋겠습니다.

그리고 공부할 때 수업시간에 잠이 오잖아요. 그죠? 그럼 꾸벅 꾸벅 졸기도 해요.

저도 졸았어요. 근데 항상 이런 생각을 가지고 있었습니다.

"선생님이 **나한테** 공부를 가르치고 계신다. 이 선생님이 우리한테 공부를 가르치고 계신 게 아니다"

그죠? 우리가 아니라 나, 선생님이 지금 말하고 있는 대상은 나다. 선생님 말투가 굉장히 지루할지라도 지루하게 나에게 말씀하고 계신다라고 생각하십시오. 그러면 졸수가 없어요.

물론 가끔 너무 피곤하면 졸기도 하지만 그래도 조는 빈도가 줄어들게 됩니다.

먼저 국영수는 매일 해야 합니다. 암기 과목은 벼락치기가 가능하지만 이전에 한 번 암기를 하고 시험 전날 벼락치기를 하면 효율이 두 배 혹은 세배가 된다는 거 기억하시구요. 국영수는 매일 매일 해야 합니다.

특히 고등학생 친구들에게는 정말 이거는 진리입니다. 저는 거의 단 하루도 국영수 공부를 거른 적이 없습니다. 특히 영어는 하루 거르면 이틀 더 공부를 해야 그 거른 걸 메꿀수 있습니다. 그래서 영어는 정말 매일 공부해야 됩니다.

국어는요, 독서가 결국은 국어의 밑바탕입니다. 국어가 무슨 뜻입니까? 우리나라 말이죠? 우리나라 말, 제일 많이 나와 있는 것이 책입니다. 그 어떤 것보다도 책을 정독하고 또한 책을 읽으면서 머릿속에 그림그리기를 한다면 그 무엇보다 좋은 국어공부가 될 거라고 생각합니다.

예를 들어 소설책 한권을 읽게 되면 머릿속에다가 내가 드라마 한 편을 만드는 겁니다. 혹은 영화를 좋아하면 영화를 만드세요. 네, 머릿속에 주인공을 만들고요 책을 읽어가면서 그 사람들의 행동과 대사와 몸동작과 모든 것들을 머릿 속에서 그리는 겁니다. 저는 심지어 제가 직접 연기를 해보기도 했어요.

그렇게 되면 나중에 다시 볼 때 혹은 시험을 칠 때 그게 머릿속에 장면으로 떠오릅니다. 굳이 글을 보지 않더라도 장면으로 떠오르는 것은 꽤 자세하고 꽤 정확할 때가 많습니다. 머릿속으로 드라마 만들기 영화 만들기를 해보십시오.

그리고 장르를 불문하고 많은 책을 읽었으면 좋겠습니다.

그리고 시험 칠 때 특히 고등학생들은 속독하죠. 곧 속도가 시험의 승부를 가르는 길이 되는데, 정독으로 읽기를 하는 동시에 정독한 책을 또한 속독으로 한 번 더 읽어보면 좋겠습니다. 그렇게 드라마 만들며 읽기, 저의 국어 공부법이었습니다.

영어는요. 저는 매일 독해를 했습니다. 고등학생 같은 경우는 모의고사 치죠? 저는 하루에 한회씩 풀었습니다. 시간을 정해두고 문제집을 굉장히 많이 풀었어요. 하루에 한회씩 풀지 못하겠으면 반회라도 푸십시오. 매일 하는 것이 중요하거든요 반회를 풀 되 시간을 정해서 풀고요 모르겠으면 찍고 넘어가십시오.

그렇게 시간을 정해서 푸는 법을 공부한 후에 문제집을 가지고 하루에 세개 힘들면 두개(저는 하루에 다섯개씩 했는데) 다섯개까지 독해공부를 매일 하는 겁니다. 제일 위에 한 지문을 한 단락을 노트에 적으십시오.

그 밑에 모르는 단어를 적고 그리고 그 밑에 직접 손으로 독해를 쓰는 겁니다. 끊어 읽기를 하고요. 대부분 "어? 그게 뭐가 특별한 방법이야" 하는데… 독해 많은 사람들이 합니다. 근데 할 때 어떻게 하냐면 눈으로 합니다. 눈으로 읽으면서 하거나 그냥 연필로 줄을 따라가면서 줄을 그으면서 독해를 하고 지나가죠. 그런데 내가 독해한 것을 한국말로 직접 손으로 써보는것은 매우 매끄러운 문장을 만들게 하고 속도를 향상시키는 효과를 가져옵니다.

제가 고등학교 1학년 때부터 매일 다섯개씩 그런 식으로 독해를 해서 2학년 때까지 했어요. 고3때는 이제 손으로 쓰기 독해는 더 이상 하지 않고 빨리 읽으면서 독해하는 방법을 했는데요. 그렇게 1학년 2학년 2년을 끊임없이 독해했을 때 고3 때 어떤 현상이 나타났냐면요…

지문이 딱 있으면 국어책을 읽듯이 영어를 읽었습니다. 독해가 되더라고요 어느 순간 이렇게 능률이 향상된 저를 발견했습니다. 그리고 제 친구는 이 방법을 써서 몇 달 만에 점수가 20점 정도 향상됐습니다. 모의고사 때 특히 독해에서 많이 틀리는 친구들 이게 굉장히 좋은 방법이니 권해드리고 싶습니다.

그리고 아까 제가 밑에다 단어 적으라고 말했죠. 왜 적으라고 하냐면 단어 들고만 다니면서 외우는데 굉장히 안 좋은 방법입니다.

왜냐하면 너무 비슷하게 생긴 단어가 많아서 까먹거든요. 그런데 독해를 하면서 문장 속에 있는 단어를 외우게 되면 나중에 그 단어에 뜻이 정확하게 생각나지 않더라도 그 문맥이 떠오르게 되고 그리고 정말 좋은 경우는 뜻이 정확하게 떠오르기도 합니다.

또 문맥 속에서 어떤 뜻이었는지 아니면 뜻이 떠오르지 않다 하더라도 단어는 느낌이 매우 중요합니다.

이 단어가 부정적인 단어였는지 긍정적인 단어였는지, 이 단어가 어떤 느낌의 단어였는지 떠오르게 됩니다. 단어의 뜻이 정확하지 않더라도 문제를 푸는 데는 지장이 없을 정도로 단어 성적이 향상 되는걸 발견하게 됩니다.

그리고 계속 하다보면 모르는 단어는 반복해서 나타납니다. 그러면 반복해서 그 모르는 단어를 찾다보면 결국은 외워집니다. 그래서 이런 방법을 사용하면 좋겠습니다.

수학은 앞에서도 계속 나왔는데요.

이거는 정말 비슷한 공부 방법인거 같아요. 문제집 여러 권 살 필요 없습니다. 한권의 문제집을 세번, 세번 정도 푸십시오. 다음에 다시 푼다고 해서 내가 그 전에 풀었던 문제 생각나지 않습니다. 또 새로운 문제처럼 다가옵니다. 대부분의 문제집은 비슷한 유형이고요 비슷한 문제구요 그렇기 때문에 돈 많이 들일 필요 없이 문제집 한권을 세번 정도 풀어서 그게 내게 되었으면 다른 문제집으로 넘어가십시오.

살펴보면 정말 돈 많이 들이면서 공부를 하는데요. 사실 찾아보면 돈 안들이고 공부할 수 있는 게 많습니다. 선생님에게 사랑 받는 것도 그런 방법 중에 하나입니다.

그리고 시험기간에 노트 필기한 거 보면서 공부하죠?
노트 필기 하는 방법에 대해서 알려드리겠습니다.

공부 잘하는 친구를 보면 그 친구는 중요한 것만 깔끔하게 적어요. 물론 그런 방법이 좋을 수 있어요. 근데 저 같은 경우는 그게 좋지 않았어요. 저는 수업시간에 선생님이 농담한 거 까지 적었습니다. 선생님이 웃긴 얘기 했잖아요? 그러면 여담 어쩌구 저쩌구 저쩌구 ㅋ ㅋ ㅋ 이렇게 책 귀퉁이에 적어놨어요. 이게 왜 좋으냐면 나중에 그 책을 다시 볼 때 그 수업의 분위기와 선생님의 이야기 하신 것과 선생님의 모션 표정 동작까지 떠오릅니다.

그러면 내가 그 수업시간 보다 적은 시간에 공부를 많이 할 수 있습니다. 40분 수업들은거 10~20분 정도 복습하는데 그 10분 20분 동안 똑같은 40분 정도의 수업을 한 번 더 받는 느낌이 납니다. 얼마나 좋습니까! 필기 할 때는 가급적 자세히 적고 수업시간에 어떤 분위기였는지 떠오를 수 있을 만큼 회상할 수 있을 만큼 필기를 하길 바랍니다.

비교하는거요. 학생들 비교의식 굉장히 많은데요. 특히 어머님들이 많이 비교하시죠? 내 친구 아들은, 우리 옆집 아들은 우리 뒷집 애는… 일등 하더라… 뭘 잘하더라. 계속 비교하죠?

네, 엄친아라고 합니다. 엄마친구아들!

네, 그런 부모님의 비교와 부모님의 이야기들이 아이들에게는 굉장히 스트레스가 됩니다.

뿐만이 아니라 그것은 또 아이들에게 비교의식을 심어줍니다 그런데 비교의식이 가져오는 더럽고 추악한 열매 몇 가지 가르쳐 드릴까요?

첫 번째 열등감, 두 번째 패배의식, 세 번째 피해의식, 네 번째 낮아진 자존감, 다섯 번째 낮아진 자기효능감입니다.

"난 할 수 없어"

"왜 나보다 잘하는 애들이 세상에 이렇게 많은 거야?"

"나 왜 이렇게 못하지?"

"난 해도 안 돼."

사실 해도 안 되는 사람 없거든요.

근데 옆에 친구보다 내가 못하기 때문에 해도 안 되는 것처럼 느껴지는 거예요.

하나님께서는 우리를 만드셨습니다.

그리고 우리을 위해서 주변에 친구를 만드셨습니다. 그죠? 그러면 모두가 서로를 위해 만들어진 게 되겠죠?

하나님께서 우리를 위해서 우리를 만드신 거지 주변의 친구들을 바라보라고 만드신 게 아닙니다.

인생의 드라마는 나 자신이 주인공입니다. 제 인생의 드라마는 제가 주인공이었습니다. 그죠? 제 주변 사람들은 제 인생의 엑스트라들입니다. 그리고 저는 또한 다른 누군가의 엑스트라가 될 수 있겠죠. 그렇게 하나하나의 인생이 다 다른 드라마고 다른 영화고요. 다 정말 가치 있는 드라마들이예요. 하나님은 협력하여 선을 이루시는 분입니다.

제 주변에 어떤 친구는 안 좋은 상황, 즉 부모님이 이혼하시고 돈이 없어서 학원을 다닐 수 없는 친구가 있습니다. 이것들이 지금은 친구한테 안 좋아 보이고 너무 비교가 되겠지만 하지만 친구의 평생을 두고 봤을 때, 태어나서 죽을 때까지를 두고 봤을 때 오히려 가장 좋은 것이고 선한 것이기 때문에 주신 것입니다. 꼭 기억하십시오.

인생은 우리가 만들어 가는 것이니까 항상 기억했으면 좋겠습니다.

그리고 이제 심리학도로서 심리학적으로 한 가지 말씀드리겠습니다.

놀고 싶은 마음을 억압합니까?

억압을 한다는 것은 없어지는 것이 아니라 농축되어서 쌓여가는 것입니다. 놀고 싶을 때 그때그때 조금씩 (너무 많이 말고요) 조금씩 놀면서 푸십시오.

남자친구들 게임 한 번 하면 너무 오래하게 되니까 게임은 하지 말고요 운동하세요. 네 놀고 싶을 때 운동해서 푸십시오.

여자 친구들 운동 좋아하면 운동하는 거 좋습니다. 하지만 대부분 수다로 풀죠. 수다 많이 하십시오. 그것이 스트레스를 풀어주고 엔돌핀을 높여서 더 공부를 잘하게 할 것입니다.

도움이 됐으면 좋겠습니다.

12
공부할 때 당위성을 찾으십시오!

김예솔
서울대학교 미술대학
디자인학부 공업 디자인전공

저는 공부를 하기 전에 어떤 마음가짐을 가져야 하는지 그거에 대해서 이야기를 하겠습니다.

저는 입학을 할 때 매스컴에서 엄청 많이 조명을 받았어요. 국민일보, 조선일보, 동아일보에 기사가 나왔었고 그리고 mbc-tv, kbs-tv에도 방영되었고... 그러니까 보았을지 모르겠습니다.

그런데 거기서 저를 왜 보도하고 방영했냐면, 저는 전라북도 익산시에 있는 어떤 고등학교에서 유래 없는, 최초로 서울대학교 미대에 진학한 학생이자 장애를 가졌는데도, 일반 전형으로 합격을 했다고 해서 소개가 되었어요.

이제 그런 제 삶에서 어떻게 왜 그럴 수 있었는지 이야기를 하겠습니다.

1. 공부할 때 당위성을 찾으라는 겁니다

"왜 내가 공부를 해야 할까?"

제 얘기를 하자면 제가 중학교 때까지는 공부에 관심 없었어요. 그저 그냥 그림 그리는 게 너무 좋았습니다.

그림 그리면 되겠지... 뭐든 될 거야,,, 그냥 디자이너 될 수 있겠지... 그러면서 생각 없이 살았어요. 그런데 고등학교에 딱 들어오니까 모든 게 다 입시위주잖아요?

인문계 고등학교 다녔는데 고등학교 1학년 때 미술 선생님이 저를 부르

서서 말씀하시는 거예요.

"예솔아 서울대학교는 장애 가지고 있으면 그 이유 하나로 쉽게 입학할 수 있단다. 그래서 서울대를 지원해보지 않겠니?"

전 그 순간 너무 자존심이 상했어요, 저는 장애라는 것이 전혀 저에게 문제가 없다고 생각했고 그리고 미술은 너무 자신 있기 때문에 그런 특혜를 받을 이유가 없다고 생각했기 때문에 자존심이 상했습니다. 더구나 그때 저랑 같은 일학년으로 엄청 공부를 잘한, 전교 1등하는 친구가 있었는데 그 친구는 굳이 미술 하지 않아도 서울대를 진학할 수 있는 학생이 있었어요, 그런 학생과 비교가 되는 거예요.

"아-저 학생한테는 나한테처럼 말하지 않았을텐데... 아-이게 현실이구나" 하는 생각이 들었고 "아-나도 깨어있어야겠다"는 생각을 하면서 당위성을 찾으려고 했어요,

그런데 그럼에도 누군가 비교를 해서 얻는 것은 바람직한 당위성이 아닌 거 같았아요. 얼마가지 않을 거 같았어요. 그래서 공부를 하려고 했는데 마음이 잡히지 않는 거예요. 그러던 중에 제가 미술학원을 다니면서 학교를 다녔어요. 미술 학원에서 그림 그리다가 미대 입시라는 잡지를 보게 됐어요.

그 잡지 중간에 「한젬마」 씨의 인터뷰가 있었어요. 한젬마씨 알죠? 「그림 읽어주는 여자」로 대개 유명하신 분인데 그분이 서울대학교 서양학과 출신이시고 그분의 여러 가지 활발한 활동 때문에 인터뷰가 많이 실려요.

그 분이 「미대입시」에서 인터뷰를 하는 질문 중에서 "어떻게 서울대를 진학하게 되었나요?" 그랬더니 한젬마씨의 답변이 너무 저에게 감동이 됐어요. 그분의 인터뷰 내용은 이런거였어요.

"저는 선화예고를 나왔는데, 선화예중을 나오고 선화예고를 졸업해 당연히 서울대를 가는 게 누구나 말하는 진로, 방향인 게 너무 싫었어요. 왜 내가 공부를 해야 되고 왜 내가 이런 경쟁, 이유 없는 지옥 같은 경쟁을 해야 되는지 이해 할 수가 없어서 공부도 안하고 그림도 안 그렸습니다.

그런데 그런 와중에 내가 3년 동안 공부를 해야 할 상황이라면 나의 한계는 어디까지일까? 내 스스로를 시험해보자라는 생각으로 서울대 입학을 생각 했습니다. 그래서 미술도 하고 공부도 했습니다!"

미술을 하면서 낮에는 학교에서 거의 실기를 하고 저녁에 집에 들어와서 공부를 했는데 3년 내내 매일 3시간만 자고 공부를 했다는거예요. 그 인터뷰 기사를 읽고, "아 이거다, 바로 누군가와 비교를 해서 내가 우월해지자는 게 아니라 내 자신이 스스로를 이겨보자, 나는 어디까지인가?" 라는 걸 목표로 삼았어요. 그래서 서울대를 꿈꾸게 되었습니다.

중학교 때까지 제 삶은 그냥 그저 하루를 재밌게 사는 거였는데 고등학교 들어와서는 "이제 내가 놀고 싶은거 절제하고 나를 버리고 어떤 목표를 향해서 가야겠다" 라는 생각으로 공부하게 되었어요.

2. 자기암시입니다

참 긴 싸움이에요. 모든 게, 모든 게 긴 싸움인데 그 싸움에서 항상 뒤쳐질 수가 있어요. 막 마음이 헤이 해질 때가 있어요.

그럴 때 마다 붙잡아주는 건 자기 암시입니다. 나는 할 수 있다는 생각이요.

저는 어떻게 했냐면 제 책상 앞에는 물론이고 제 책상 주변에다가「서울대학교 07학번 김예솔 수석 입학!」이렇게 해놓고 특히 공부계획서를 주로 쓰는 제 다이어리 맨 앞장에는 저희 엄마 아빠 얼굴 사진을 붙여놓고 "엄마가 보고 있다" 생각하면서 "예솔아 너는 시험 볼 때 시간이 항상 부족하지"라는 글을 엄마가 말하는 것처럼 써놓고 항상 다이어리를 펼치면서 다시 마음을 새롭게 하고 내 진정 목표가 뭘까 라는 생각을 하게 됐어요. 주변에 아주 조그만 것들이지만 흔적을 남겨놓으십시오.

전 싸이도 했었거든요. 싸이 메인에다가 "나는 몇 년 목표로 공부하고 있어" 이런 거 써놓았어요. 그런 거 써놓으면 방문자들도 "아~ 애 공부하나보다"하고 좀 부담감도 느낄거고, 나도 공부로 다시 돌아올 수 있는 마음을 암시할 수 있는 방법으로 사용했어요.

자기 암시가 되면 대개 극한일 때, 정말 힘들 때 이겨낼 수 있어요.

저는 고3 여름 방학과 겨울방학이 너무 힘들었어요. 겨울방학 특히 수능 끝나고 서울로 올라와서요.

서울로 올라와서 미술 학원에서 아침 9시부터 밤 11시까지 하루 종일 그림만 그렸어요. 제가 서울에서 산 사람이 아니니까 서울에 사는 고모 댁에서 홍대 앞에 있는 미술 학원을 다녔는데 고모 댁과 홍대의 거리는 지하철로만 2시간이었어요. 근데 그 거리를 왕복 4시간 동안 혼자 다녔어요. 몸이 지쳤지만 그래도 매일 할 수 있었던 것은 저의 자기암시였어요. "나는(하나님의 도우심으로) 할 수 있다"는 생각!

그걸 놓치지 않았던 것 같고, 그리고 그 과정 속, 미술학원 끝나면 손에 파스텔 묻고 얼굴에 막일하던 사람처럼 물감 다 묻고 이런 상태에서 그냥 피곤하니까 씻지도 않고 지하철을 탔는데 2시간 내내 사람들이 나를 봐

 고딩, 화이팅!

도 괜찮을 수 있었던 것도 자기암시 때문이었어요. 지금은 그럴 수 없어
요.

내가 하나의 목표를 가지고 있고 그것을 지금 열심히 하고 있는 사람이
라는 걸 내 자신이 알기 때문에 전혀 부끄러운 게 아니더라고요. 자기 자
신을 믿었으면 좋겠어요.

3. 어떤 목표가 있던 그것이 끝이 아니라는 것을 기억하세요.

고등학교 때 저의 목표는 수능이었죠. 대학 실기를 잘보고 면접을 잘보
고 들어가는 건데 그것이 끝이 아니라는 걸 지금 알았어요.

지나고 나서야 알았어요. 그러니까 어떤 목표를 잡았을 때 그것이 끝났
다고 스스로 정하지 않았으면 좋겠어요. 언제나 모든 것이 항상 과정인거
같아요. 자기 앞은 모르는 거고 매번 한 산이 지나면 그 다음 산이 기다리
고 있고요. 그리고 어떤 즐거운 일이나 좀 낙담하는 일들이 많이 있더라
도 끝이라고 생각하지 마십시오. 잘 되더라도 너무 좋아 도취하지 말고
잘 안됐다라고 해도 낙담하지 않았으면 좋겠어요. 자신을 믿고 지금 저처
럼 자신과의 경쟁을 한 번 시도해보십시오.

13

집중할 수 있는
자신만의 노하우를 찾으십시오!

양하린
서울대학교 생활과학대학
식품영양학과

저는 목회자 자녀로서 지금 동생이 두 명이 있는데요. 장녀로 태어났어요. 저희 아버지께서는 남양주에서 행복한 성결교회에서 약 20년 동안 목회활동을 하고 계십니다.

그런데 그게 꼭 그렇게 좋았던 거는 아니었던 거 같아요. 중학교 때는 목회자 자녀라는 것이 여러 성도님들의 기대감? 때문에 많이 부담스러웠던 것 같고 많은 책임감을 느꼈던 것 같습니다.

그렇기 때문에 성도님들은 저를 어떻게 생각 하냐면, 목사님 딸이니까 고액과외는 절대 안 되고, 또 성적이 나쁘면 절대 안 되고... 그런 아이러니한 기대감이 있었습니다. 그래서 한 번은 엄마가 학원을 보내 주시면서 다른 사람한테 말하지 말라고 그랬던 적도 있었습니다. 장녀로서 혹은 목사님 딸로서 주변의 눈치를 살폈고 또 책임감은 강했고 삐딱한 완벽주의를 추구하는 그런 성격이었던 것 같습니다.

그러던 중 아버지는 서울에서 목회를 10년 정도 하시고 남양주로 옮겨 개척 교회를 시작 하셨는데 그때가 고2 겨울방학 전이었습니다. 한 사람 한 사람 성도의 숫자보다 존재가 너무너무 감사했고, 더 절실했던 것 같아요.

그래서 고3때는 학교 자습 끝나면 독서실에 가서 새벽 2시까지 공부하고 또 밤하늘의 별을 보며 교회에 가서 기도 하고 집에 갔던 기억이 납니다.

1. 주님 앞에 맡기고 다 내려놓았습니다

내가 하는 것이 아니라 주님께서 하시고 내가 한다고 잘하는 것도 아니고 내가 부족한 거 잘 알고 있으니까 그렇게 맡기면 스트레스 받을 일도 사실 없는거 였습니다. 스트레스를 푸는 한 방법도 됐구요. 왜냐면 제 마음을 내려놓았기 때문입니다. 정말 그리 아니하실지라도 라는 마음으로 공부했던 게 가장 큰 힘이 되었고 원동력이 되었습니다.

2. 선생님들과 친해지는 것이었습니다.

과외를 한 번 받아봤는데 계속 졸아서 한 달 만에 과외를 끊었습니다. 그 이후로 과외는 "나랑 안 맞구나"라고 느꼈고 대신, 학교 선생님을 과외 선생님으로 활용했습니다. 활용이란 말이 좀 그렇지만 그렇게 했습니다.

수 십 년간 또는 다년간의 노하우로 검증받은 선생님들을 모르는 게 있으면 학교 등록금만 내고 무료로 과외선생님으로 활용한 것입니다.

바로 가서 물어봤습니다. 수업 시간 끝나든 혹은 방과 후든 아침 6시 반이든 바로 가서 물어봤습니다. 전 과목을요!

그래서 저 때문에 저희 반도 그런 분위기에 휩쓸려서 저희 반이 전교에서 공부를 잘하는 반은 아니었지만 질문을 가장 많이 하는 반이 되었습니다.

기억나는 것은 제가 고2때 모의고사를 쳤는데 가장 자신있어 하던 수학에서 점수가 나오지 않았습니다.

대개 많이 낙심을 했고 크게 슬럼프에 빠졌습니다. 그때 담임선생님이 수학 선생님이셨는데 그 선생님이 과목 수업이 없으실 때 저의 수업 담당하시는 다른 선생님에게 양해를 구하고 그 선생님 찾아가서 상담했습니다. 그때 상담을 하면서 너무 속상하고 낙심이 되니까 울기도 하고 어떻게 해야 되냐고 많이 물어봤습니다.

그 때 이후로 한 학기 내내 선생님에게 특별 수업을 받았습니다. 학교 수업 끝나고 선생님께서는 문제집을 어디까지 풀어놔라라고 내주시면 제가 그만큼 풀어서 가고 선생님이 채점해주시고, 그래서 저는 그 때 문제집을 한 두권 정도 풀었는데 그 이후에 실력이 확 올랐습니다.

학교 선생님이랑 과외를 하게 되면 안할 수가 없고 빠질 수가 없어요. 왜냐하면 미움 받으니까! 그러니까 학원 선생님이나 여러 다른 과외 선생님보다 학교 선생님에게 수업을 받게 되면 책임감이 커져요. 꼭 해야 된다는 부담감도 있기 때문에 그걸 반드시 하게 됐습니다.

또 다른 경우로는 제가 고3 때 언어점수가 안 나와 언어 선생님에게 가서 운 기억이 나는데 우는 것도 참 좋은 방법인거 같습니다.

울면서 저를 책임 져 달라고… "선생님 제잔데 누가 책임을 지겠냐?" 면서 물어보니까 선생님이 문제집을 주시길래 (선생님들은 항상 문제집이 많아요. 그래서 항상 주시거든요) 받아서 공부했습니다. 저는 그때도 두 권을 끝냈던 기억이 납니다.

그래서 저는 학기 시작할 때 교무실을 돌면서 문제집을 다 수거했습니다. 그렇게 하니까 선생님도 예뻐해 주시고, 저에게 장학금 기회도 막 주시고, 학습지도 그냥 막 신청해 주시고... 저는 대개 행복하게 선생님들과 함께 수험생활을 보냈습니다.

3. 계획을 잘 세웠습니다.

물론 작심 삼일이 될 수 있겠지만 그래도 3일은 하는 겁니다. 작심 삼일이라고 해도 즉 작심을 여러 번 하게 되면 여러 번 계속 늘어나게 되겠죠? 그러나 우선 중요한 것은 목표를 세우는 것입니다. 전체 계획을 세워야 합니다.

이게 구체적일 수도 있고 큼직큼직 할 수 도 있는데, 자신의 비전을 세우고, 자신의 목표를 세워야합니다.

1) 자신이 가고 싶은 학교를 정하고, 과를 정해야 합니다.

그렇게 정하는 게 가장 우선이어야 하고 바람직합니다.

물론 그게 지금은 상당히 어려울 수 있습니다. 하지만 대충 어느 학교 어느 과든 방향을 정하고 공부를 하는 게 중요합니다.

2) 1년 목표를 세워야합니다.

구체적으로 세우면 좋겠죠.

"언,수,외를 내가 1등급씩 올리겠다"

이런 목표를 세우고 1년을 3,4개월로 쪼갭니다. 중학교 같은 경우에는 중간고사 기말고사 방학 이렇게 세우면 좋고 고등학교 같은 경우에는 모의고사 보는 한 달 반 혹은 두 달 혹은 3달 기준으로 세우는 게 좋습니다.

그리고 계획을 세울 때 저는 대개 꼼꼼하고 구체적으로 계획을 세웠습니다.

그러기 위해 우선 자신의 위치를 알아야 됩니다. 자신의 위치라는 것은 여기서는 성적을 말합니다. 즉, 풀고 있는 문제집을 다 적습니다. 즉 내가 거기서 얼마나 풀었나? 얼마나 틀렸나? 를 다 적어놔야 합니다.

3) 자신이 사용할 수 있는 시간을 체크합니다.

월요일부터 주일까지 사용가능한 시간 즉 공부할 수 있는 자율학습 시간이 다 다릅니다. 그래서 요일별로 다 다르게 적어 줘야 되고 가능한 시간 중에서 내가 집중 할 수 있는 시간까지 알아놔야 합니다.

5시간 공부가 가능하다고 해서 다 집중 할 수 있는건 아닙니다. 여기서 3시간 정도 집중이 가능하다고 한다면 3시간 15분 정도를 잡고 계획을 세우는 것입니다. 그렇게 자신이 집중 가능한 시간의 120%를 잡는다면 이 것을 계속 늘려 나간다면 언젠가 5시간을 5시간 풀로 다 공부할 수 있는 그런 때가 오게 되겠죠.

그렇게 시간을 정하고 자신이 풀고 있는 문제집이나 교과서들의 현황을 파악하고 계획에 맞춰서 "내가 문제집은 다음 달 안에 혹은 다다음주 안에 끝내겠다. 이것은 이만큼 풀었으니까 이번 주 안에 끝낼 수 있겠다" 결정하고 시간배정을 해야합니다. 여기서 제가 지금 말하는 것은 내가 풀고 있는 것 만을 말하는 것이 아니라 풀었던 것 까지 말하는 겁니다.

"이 수학 문제집은 내가 풀었던 건데, 이번 주 안에는 한 번 더 봐야 되겠다. 그래서 틀렸던 걸 다시 한 번 점검해야 되겠다"고 결정해서 자기가 지금 풀었던 것 혹은 풀고 있는 것을 다 확인하고 넘어가야지 자기가 부족한 것이나 구멍 뚫렸던 것들을 메꿀 수 있습니다.

4) 사용할 시간에 맞추어 자신이 하고자 하는 분량을 정해야 됩니다.

즉 시간을 참고해 내가 얼마나 풀어야 될지 분량을 정해서 맞춰 나가야 됩니다.

이 둘을 맞춰나가는 것은 많이 힘듭니다. 왜냐하면 그 시간 안에 내가 다 문제집을 원하는 만큼 풀 수도 있고 반만 풀 수도 있기 때문입니다. 즉 그것을 맞추기 위해서는 집중력이 필요합니다.

5) 시간과 분량에 맞춰서 집중하는 것이 가장 중요합니다.

저는 집중이 안 되거나 힘들 때 많이 했던 것이 포스트 잇에 문구를 적거나 아니면 내가 가고 싶은 학교를 적던가, 아니면 "나는 공부의 화신이다" 뭐 이런 거 적기도 했었고, 또 "행복은 성적순이 아니지만 성공은 성적순이다" 뭐 이런 것도 적어놨던 게 기억이 납니다.

그리고 저를 자극시키는 노래를 잠깐 듣거나 일어서서 공부하거나 아니면 공부하고 있는 친구들을 잠깐 살피거나 이를 닦으러 가거나...등등 집중이 안 될 때 다시 집중 할 수 있게 할 수 있는 자신만의 어떤 노하우가 필요하다고 생각 합니다.

C 60
C 62
C 21
C 102
C 73
C 103
B 17
B 16
B 101
C 63

14
긍정의 생각을 품으십시오!

김진관
서울대학교 농업생명과학대학
농산업교육학과

원래 의대를 가고 싶었어요. 고등학교 1학년 때부터 의료선교에 대한 이야기를 많이 듣게 됐어요. '아, 나도 하고 싶다'라는 생각이 들어서 '아, 하나님이 나를 거기로 부르시는구나'라는 생각들이 있었죠. 그래서 의대에 가려고 노력 했었는데 점수가 안됐어요.

학교 선생님이 서울대 한명이라도 더 늘려보고자 "아무대나 넣어봐라" 해서 그냥 꼬임에 넘어갔죠. 그래서 학교를 오게 됐습니다.

저는 중학교 때부터 신앙생활을 본격적으로 시작했어요. 모태신앙이구요. 아버지는 장로님 어머님은 권사님 이런 신앙적 배경에서 자랐구요. 안산동산고등학교를 다녔어요. 저는 어렸을때부터 안산동산교회를 다녔구요. 안산동산 고등학교는 저희교회에서 지은 학교에요. 미션스쿨이지요.

교회에서는 예배하는 팀 있었는데 아무래도 시간을 많이 뺏기잖아요. 그래서 몇 번 안가도 되는 성가대에 들어갔죠. 1년 동안 성가대를 열심히 하다 보니까 선배들이 학생회 회장을 추천할 때 제가 덜컥 추천이 됐고, 일주일 동안 할건지 말건지 결정하라고 시간을 주었어요. 그런데 누나와 엄마랑도 얘기해 보았는데 "안하는게 좋겠다. 너 공부에 너무 방해된다" 고해서 "안하겠습니다"라고 목사님께 말씀을 드렸죠. 근데 12명이 후보였는데 총7명이 안하겠다는거예요. 그래서 목사님이 "안된다. 너희들 일단 다 올라가라. 추천받은거니까. 일단 올라가서 할건지 말건지 니가 가서 말하라"하셨어요.

전 올라가서 그냥 "잘 섬길수있는 사람이 됐으면 좋겠습니다"라고 했는데 덜컥 제가 회장이 되버렸어요. 고2 때요 그당시 고등부가 6~700명정도였는데 부담감이 엄청 컸어요. 앞에 서는 것 자체도 부담스럽고 이 사람들의 의견들을 내가 대변하고 필요를 채워줘야한다는 것도 압박감이 됐습니다. 부모님도 반대 하셨지만 "이미 된걸 어떻게 하나" 그러셨어요. 부모님은 고등부 목사님 만나면 "진관이 공부 좀 하게 해주세요"라고 부탁하고 다니셨는데, 결과적으로 봤을때 제가 이때 회장을 함으로 리더십과 그리스도의 공동체에 대한 생각들을 갖게 됐고, '회장이니까, 좋은 대학 안가면 안되겠다. 내가 공부 못하는 찌질이가 돼서는 전혀 모범이 될 수 없겠다'라는 생각들이 있어서 많이 노력을 했어요.

제가 회장되기 두 해 전에 임원을 하던 선배들이 서울대를 3명이나 갔어요. 그래서 "우리도 저런 역사 한번 만들어보자" 그러면서 애들한테 각오도 다지게 했는데 결과적으로는 목사님도 당연히 기도해주시고, 담임 목사님도 일개 고등학생이지만 기도해주시고, 교회 선생님들도 막 다 기도해주셔서 그것 때문에 제가 좋은 결과가 있지 않았나 라고 생각을 하게 됐어요.

고등학교 갈 때 교감선생님이 우리 아빠와 누나한테 "진관이는 왜 이렇게 공부를 못하냐? 배치고사 성적보니까 형편없더라"라고 하셔서 제가 충격을 먹었죠. 중3 끝나고 고1 들어갈 때 다른 사람들은 다 노는데 저는 '안되겠다. 그사람들의 기를 다 눌러야겠다' 생각하고 미친 듯이 공부를 시작했죠.

모의고사에서 제법 잘봤어요. 저는 못한다고해서 진짜 못할 줄 알았는데 제법 잘 본거예요. 그후에는 성적이 계속 쭉쭉쭉쭉 떨어졌어요. 처음에는 잘보고 그 이후로계속 떨어졌어요. 임원됐으니 성적이 올라가야 되잖아요. 근데 그렇지 않았어요. 계속 쭉쭉쭉쭉 떨어져요. 쭉떨어지다가 2학년 여름방학때 깨달았어요.

'나 이렇게 살면 안되겠다.'

왜냐면 그때 봤던 모의고사에서 반에서 20등인가 했는데 저한테 충격적인 점수였어요. 나보다 공부 못한다고 했던 애랑 성적이 너무 비슷한거예요.

'아우 쟤는 어떻게 해서 대학가나?'라고 생각했던 애랑 저랑 점수가 똑같은거예요 그래서 '아, 나 이러면 안되겠다' 싶어서 2학년 여름방학 때부터 미친듯이 공부를 시작했죠.

미친듯이라고 하는 것은 남들처럼 밤을 새고 이런 것은 아니지만 (저는 잠이 중요하기 때문에) 과목별로 하나하나 파기 시작했어요.

영어같은 경우에는 전 혼자 잘한다고 생각했었는데 80점 만점에 58점이었어요. 충격적인 점수였죠. 그래서 학원을 다니기 시작했고, 학원에서 선생님이 패턴별로 어떻게 공부해야 하는지, 알려주시는 거예요.

하나하나 패턴들을 정복하기 시작했죠. 그래서 문제풀때 활용을 하니까 그때부터 성적이 쪼끔쪼끔 올라가기 시작했어요. 영어 단어는 그냥 꾸준히 외웠어요. 기억은 잘 나지 않지만 리딩하다가 모르는것 있으면 그걸 연습장에 적어놔요. 그래서 그거 들고 다니면서, 급식 기다리면서 한번보고, 어디 가면서 한번 보고, 예배 기다리면서 한번 보고 했어요. 그리고 책을 일단 한권 사면 끝까지 다 풀었어요. 더 좋은 책 사고 싶어도 일단 가진 걸 다풀어야돼요. 그래서 꾸준히 하루에 많으면 대여섯개, 적으면 두세개 정도 페라그레프 읽고 문제풀고… 이게 전부였어요. 매일매일 꾸준히!

보통 "영어는 감이다"라고 하잖아요. 그래서 그 감을 안 잃으려고 꾸준히 했어요. 그렇게 했더니 쪼끔쪼끔식, 한꺼번에 오르지도 않고, 쪼~끔씩 오르기 시작했어요. 특히 영어는, 피라미드식으로 성적이 올라 간다고 하는데 처음에는 잘 올라 가다가 어느 정도 올라가면 한참 공부를 해야 올라가고, 계단식으로 올라가니까 힘들었는데, 그때는 의료선교사 꿈을 생각하면서 공부를 열심히 했던것 같아요.

수학은 사실 학원 선생님을 잘 만난것 밖에 없어요. 제가 한건 없어요. 학원에서 주일날 보충 나오라고 그러면(어떤 사람들은 주일에는 전혀 공부 안하는 사람도 있었는데) 내가 예배를 드리지 않은 것이 아니기 때문에 괜찮다고 저 나름대로 생각을 했고, 만약에 예배시간이랑 겹치면 당연히 안갔죠. 그런거는 아예 "안된다"고 선생님 한테 신경질을 냈죠.

언어는 문학이랑 비문학이 있는데 그전에 고사성어 같은건 꾸준히 외웠어요, 한문 외우기는 이런건 선생님이 시키셔서 어쩔 수 없이 꾸준히 했던것 같고요. 그리고 책읽고 요약하는 것들도 했었고. 신문 사설 보면서 내용 파악하는것, 그래서 문단이 어떻게 이루어지고 어떤문단은 어떤 걸 뒷받침해주는 문장이고 이런걸 선생님이 지도해 주셔서 정리를 쪽 했었던 경험이 있어요. 그것도 많이 도움이 됐어요.

그리고 비문학부분이랑 문학으로 나눠지는데 비문학에서도 여러 가지로 나눠져요. 예술, 과학, 사회, 인문, 뭐 이런걸로 나눠지는데 이런걸 하나하나 파기 시작했어요. 지문을 읽고 각 지문별로 문단별로 내용 한, 두단어로 요약하고 그것들이 어떻게 유기적으로 이루어져있는지, 애는 이걸 뒷받침 하는거고 애는 부가 설명해주는 문단이고 이런것들을 파악 하기 시작했어요. 그래서 책을 두세권정도 공부하고나서 비문학을 잘 풀 수 있게 됐고, 문학으로 넘어가면서는 우선 고전 문학을 인터넷 강의로 정리하고 나머지는 문학 문제집 사서 풀어서 현대시, 현대 문학 이런것들로 정리가 됐었어요. 매일 한 개씩은 꼭 푸는 정도로 했던것 같아요.

근데 저는 특이하게 언어듣기를 못했어요. 어떤 때는 언어듣기가 외국어 듣기보다 많이 틀릴 때도 있었어요. 그래서 공부해야되겠다 싶어서 언어 듣기도 따로 공부했어요.

수능 5일전에 '내가 하나님이랑 함께 있으면 어떤 대학에 가거나 어떤 길로 가도 상관이 없겠다'는 마음이 들었었어요. 그래서 10시 기도회에 그날도 어김없이 갔었는데 그전까지는 좀 추상적으로 "하나님 뭐뭐 해주십시오 뭐뭐 해주시옵소서" 이렇게 기도했다면, 이번에는 정말 하나님이랑 내가 함께하고 있다는 것을 느끼고 싶었어요. 그래서 기도하는 어투를 바꿔서 "하나님, 제가 여기왔어요. 그리고 저는 지금 하나님이랑 함께하고 있는지 알고 싶어요. 하나님이 저와 함께하고 있다는거 제가 알고 있으면 제가 어떤 대학가도 그 학교 잘 다니고 하나님이 보내신 줄 알고 잘할께요"라고 기도 했었고, 그때 하나님이 위로 하시면서 "내가 너와 함께해 줄꺼야"라는 확신을 주셨어요. 5일동안 꾸준히 가서 기도 했어요. 그래서수능보는 날 정말 두려움이 없었어요.

그리고 그때 한참 유행했던 찬양이 "주님 말씀하시면" 이였는데 그때 그 찬양 부르면서 '아 정말 하나님이 서라고 하면 난 서겠고 가라고 하면 가겠다'라는 마음들이 있었어요. 그래서 감사하게 수능을 못 본 편은 아니였어요. 보통 9월 모의고사랑 수능이 똑같이 나온다고 하는데 저는 9월에 좀 망쳤었거든요. 근데 9월보단 잘나왔어요.

그런데 의대를 못갔으니까 저는 실패한것 같이 보이잖아요. 그러나 제가 보기에는 하나님이 참 선하게 나를 이끌고 계시는구나 하는 생각이 들었어요. 하나님의 관점에서는 결코 그것이 실패가 아니고 하나님이 나를 만들고 싶어 하셨던 선한 길로 예비해 놓으셨다는걸 알았어요.

"처음부터 그길로 알려주시지 왜 의대로 알려주셨어?"라고 물어볼 수 있잖아요. 근데 제가 의대로 목표 설정해 놓은 것으로 말미암아 제가 더 노력할 수 있었고 (만약에 제가 처음부터 낮은 곳을 목표로 삼았다면 할 수 없었을텐데) 하나님이 목표를 높게 잡게 하셔서 거기에 가도록 알맞게 준비시키고 계셨다는 사실을 보면서 대개 감사했어요. 지금도 감사하고 있고요.

그리고 보니까 이 과가 저랑 너무 잘 맞는거예요. 사실 저는 피도 별로 안좋아하고 심장 두근 거리는거 보기만해도 짜증나고 TV에서 의학 드라마나 메디컬 24시 이런거 나오면 채널 돌리거든요. 보기 싫고 징그러워서요. 그리고 공부하는 것도 별로 좋아하지 않아서 의대에 갔으면 정말 내가 순교자의 마음으로 거기서 공부하고 있지 않았을까 하는데 여기서는 대개 널널하게 즐기면서 공부하고 또 내 성격이랑 너무 잘 맞는 거예요. 공부하는 자체가 너무 좋고 정말 재미있어요. 그래서 '아, 하나님은 정말 퍼펙트한 분이시구나. 선한길로 인도하시는 분이시구나'라고 생각해요.

저는 새벽기도를 하시는 부모님을 둔것이에요. 장경동목사님이 옛날에 저희 교회 부흥회에 오셔서 이야기 하셨던 것 중에 하나가 "부모가 아이들에게 줄 수 있는 가장 큰 유산은 돈도 아니고 땅도아니고 집도 아니고 새벽기도의 습관이다"라고 하셨어요. 그래서 "새벽기도를 하는 부모를 둔 아이들이 가장 축복 받는다"라고 하셨거든요. 그런 기도들이 모여서 저한테 영향력이 됐어요.

그리고 부모님들이 저한테 공부에 대해서 닥달하지 않으시고 신뢰해 주셨던 것 같아요. 그리고 보통 공부할 때 스트레스 풀만한 뭔가가 필요하다고 그랬잖아요. 근데 저는 그것이 교회 생활이였던 것 같아요.

"내가 네게 명한것이 아니냐 너는 마음을 강하게 하고 담대히하라"(여호수아1:8).

이 말씀을 엄마가 제게 주셨어요. 그리고 "내게 능력주시는 자 안에서 내가 모든 것을 할 수 있느니라"(빌립보서 4:13)라는 말씀은 '나는 할 수 없지만 내게 능력 주시는 주님 안에서 내가 할 수 있다'는 마음을 주셨어요.

그리고 신앙 안에서 공부할 수 있는 방법을 선생님들이 계속 알려주셨어요.

교회에 열심히 다니는 친구들은 대부분 공부하기 전에 당연히 성경읽고 특히 선생님들이 알려 주셨던건 "잠언 한 장씩 읽고 공부해라"인데 "30장이니까 한달에 한번씩 꼭 읽고해라"인데 진짜로 애들이 그렇게 하니까 나도 따라 하게 됐어요. 하나님은 좋은점수 주시기 보다는 제가 공부하는 데 필요한 집중력을 주셨어요. 그냥 노력하지 않고 바라는 것이 아니라 하나님 내가 노력하려고 하는데 스스로 잘 안되니까 제가 안되는 이부분을 도와주세요'라고 기도했어요.

그러지 마세요. 아까 신뢰에 대한 얘기를 했었었는데 하나님에 대한 나의 신뢰도 중요 하겠지만 부모님이 아이들을 향한 신뢰도 중요한거 같거든요. 아이들이 주의 법도를 따라서 그릇 행하는 것이 아니라면 그냥 좀 자유롭게 풀어줘도 괜찮은것 같아요.

그리고 교회 가는 애들이 다 대학 못간다면 누가 교회를 가겠어요. 그렇지 않고 자신에게 달린거기 때문에 결코 교회탓으로 돌리지 않았으면 좋겠고 오히려 나같은 경우에는 교회를 갔기 때문에 결과적으로 좋은 결과가 있었어요.

보통 그런 생각들을 하잖아요. 공부하는데 하나님이 도움을 주신다고요. 근데 그 틀을 깨서 '내가 하나님을 더 알아가고 사랑하는데 공부가 도움을 될 수 있다'는 것으로 생각이 바뀌어졌으면 좋겠어요. 그러니까 하나님이 나를 원하는 사람으로 만들어가는 과정 중에 공부가 있어서 그것을 통해서 내가 하나님께 영광을 돌릴 수 있고 하나님을 깊이있게 알아가는데 도움이 되는 것, 철저히 하나님께 초점을 두고 그분 만을 바라보는 것이 중요한거 같아요.

신앙의 선배들이 있다면 좀 닮아 갔으면 좋겠어요. 그러니까 높은사람들을 롤모델로 잡는게 아니라 내 주변에 있는 사람들, 교회 선배들이나 저같은 경우에는 학교 선배들이 많이 그랬는데 공부 잘하고, 말씀도 잘알고, 신앙 좋은 선배한테 조언도 구하세요. 도움이 많이 됐던 것 같아요.

 # 그들의 몇가지 공통점들

인터뷰 진행자 이새롬

두꺼운 안경, 신경 쓰지 않는 외모, 공부밖에모르는 공부벌레… 다들 그렇듯 나도 서울대 학생들에 대해 편견 아닌 편견을 갖고 있었다. 그러나 처음 학생들을 봤을 때 잘생기고 깔끔한 차림새에 놀랐다. 그리고 인터뷰를 진행하면서 나머지 편견들이 깨지는 것 또한 오래 걸리지 않았다. 그들은 누구보다도 적극적이고, 활발했고, 멋있었다. 그리고 학생들의 이야기를 들으면서 몇 가지 공통점을 발견할 수 있었다.

겸손

'약간은 거만하겠지? 그래도 서울대 학생들인데…'라고 생각한 나의 예상은 보기좋게 빗나갔다. 오히려 나중에는 '서울대 학생이라면 어깨에 힘 좀 줘도 되지 않을까?'라는 생각이 들었다. 거기다 그들은 하나같이 겸손했다. "서울대 올 실력이 아니었다", "너무도 부족한데 하나님의 은혜로 왔다"며 모든 영광을 하나님께 돌렸다.

신념

이야기를 듣고 있으면 그들의 나이가 어리다는것을 느끼지 못할 정도로 자신의 신념이 확실했다. 무엇보다도 흔들리기 쉬운 10대때부터 자신이 옳다고 생각하는 신념을 포기하지 않고, 타협하지 않았다. 고3때 교회를 포기하는 많은 친구들을 보면서 조바심도 나고 불안도 했지만, 주님과의 약속을 지키기 위해 또 자신이 옳다고 생각하는 일을 하기위해 주일성수를 포기하지 않았다. 학원을 못 다니고, 과외를 하지 못해도 내 환경을 원망하지 않고 주님이 함께 하신다면 할 수 있다는 신념을 믿고 공부를 포기 하지 않았다.

맡김

그들의 학창시절 얘기를 들으면서 참 열심히 했다는 생각이 들었다. 쉬는 시간도 틈틈히 공부하고, 영어단어를 2분단위로 쪼개서 외우기도 했다고 한다. 그렇게 열심히 노력하면 대학에 욕심을 낼법도 한데, "열심히 최선을 다했으니 다음일은 주님의 뜻대로 해달라"고 기도했다고 한다. "서울대를 붙게 해주세요", "의대를 붙게해주세요"가 아니었다. "어디를 가든 주님의 뜻인 줄 알고 순종 하겠습니다"였다. 이것이 진정으로 주님께 붙들린 삶이 아닐까…

기대

"앞으로 주님이 저를 어떻게 사용하실지 너무 기대 됩니다" 인터뷰를 마무리하면서 항상 들었던 말이다. 길지 않은 인생을 살면서 그들은 주님이 자신의 삶을 인도 하신 것을 경험했고, Perfect한 주님의 인도하심에 감탄하며 살았다. 그래서 그들은 주님께서 만들어주실 그들의 삶이 무척이나 기대된다고 했다. 나 역시 그들을 향한 주님의 계획하심이 기대됐다.

노력

그들은 노력했다. 학생으로서 열심히 공부했고, 요행을 바라지 않았다. 자기가 맡은 '학생'이라는 직분에 최선을 다했기 때문에, 주님께서 서울대라는 '큰 상'을 주신것이 아닌가 하는 생각이 들었다.

헤롤드 세일러 지음

당신은 당신의 직업을 통해 성공하고 싶습니까?

그 대답이 "예"라면 당신은 정상적입니다. 그리고 당신의 그런 대답은 이기적이거나 탐욕스런 것이 아닙니다. 성공하고 싶어하는 욕구는 지극히 당연한 것입니다. 이것은 하나님에 의해 주어진 욕구입니다.

이미 성공에 관한 많은 책들이 출간되었습니다. 예를 들면 나폴레옹 힐(Sapoleon Hill)의 「생각하고 부유하게 되십시오」(Think and Grow Rich)나 프랭크 베트거(Frank Betgger)의 「판매의 실패를 딛고 성공한 비결」(How I Raised Myself from Failure to Success in Selling), 기무라 아키노리의 「기적의 사과」… 등 대단히 많습니다.

그런데 성공을 다루고 있는 또 다른 차별된 하나의 책은 성경입니다.

그리고 그 책은 성공을 소유한다는 뜻 보다는 있는 그대로의 상태라는 의미로 다루고 있습니다. 삶에 대한 이 위대한 교과서는, 진정한 성공을 위해서는 예수 그리스도를 통해서 하나님과 개인적인 관계를 가질 필요가 있으며, 그러므로써 하나님과 함께 관계로 들어가며, 성경 곳곳에서 발견되는 가르침들을 따르기 시작하게 되는 것이라고 말하고 있습니다. 이 성경책에서 하나님은 하나님의 가르침을 따르는 사람의 노고를 축복해 주실 것이라고 약속하고 있습니다.

성경이 정의하는대로의 성공은 당신의 인생을 위한 하나님의 뜻을 발견하고 추구하는 것입니다. 성경에 있는 원리들을 따르기 시작했다면, 하나님께서 당신이 무엇을 성취하기를 원하시는지를 판단하십시오. 하나님께서 당신이 궁극적으로 어디로 가기를 원하시는지를 발견하십시오. 그리고 "어떻게 하면 그곳에 도달하게 됩니까?"라고 묻지는 마십시오. 하나님께서는 다음과 같이 약속하고 계십니다.

"너는 마음을 다하여 하나님을 의뢰하고 네 명철을 의지하지 말라 너는 범사에 그를 인정하라 그리하면 네 길을 지도하시리라"(잠언 3:5~6).

나폴레옹 힐(Napolleon Hill)은 하나님께서 원하시는 대로 가야할 곳을 발견한 사람에게 진실로 의미심장한 말을 하고 있습니다. 그는 "사람이 이해하고 믿을 수 있는 것은 성취할 수 있다"라고 말합니다.

당신은 이 말을 믿습니까?

바울은 믿었습니다. 그래서 그는 "내게 능력 주시는 자 안에서 내가 모든 것을 할 수 있느니라"(빌립보서 4:13)라고 썼습니다.

당신은 당신의 인생을 위한 하나님의 계획이 무엇인지에 대해 심각하게 생각해 본 일이 있습니까?

사회적인 배경이나 의과대학을 마치기에는 돈이 부족하다 등의 부정적인 요인에 너무 집착하지 마십시오. 그 대신에 첫 단계로서 당신의 인생을 위한 하나님의 목표가 무엇인지를 알아보십시오.

많은 사람들이 이구동성으로 "그건 불가능한 일입니다"라고 말하기 십상입니다만 하나님의 도우심으로 그것은 가능할 수 있습니다.

우리시대의 많은 업적이 불가능하다고 주장하는 사람들의 반대에도 불구하고 이루어졌습니다.

내가 의학분야에서 가장 존경하는 사람들 중에 베르너 포르스만

(Wernen Forssman)이라는 의사가 있습니다. 포르스만은 25세의 나이때 의과대학에서, 고무튜브를 혈관을 통해 심장에 넣고 엑스레이를 찍어보자는 주장을 해서 교수들은 깜짝 놀라게 했습니다. 그들은 그렇게하면 사람이 죽게 된다고 확신하고 있었으며 포르스만에게 그 실험을 하지 못하도록 시켰습니다.

그러나 포르스만은 다른 방법으로 확신을 얻었습니다. 그는 그의 왼쪽 팔의 혈관을 통해서 고무튜브를 그의 심장으로 내려 보냈습니다. 그리고나서 그는 엑스레이 촬영실에 가서 자신의 심장을 엑스레이로 촬영했습니다. 그 과정은 심장에 튜브를 연결하는 수술방법인 심도자술(心導自述)이라는 현대적 수술 과정의 선구적 방법으로서 엄청난 생명을 구했습니다.

당신은 하나님께서 당신이 성공적인 대학생이 되기를 원하신다고 믿습니까?

그러면 소매를 걷어 올리고 공부를 시작하십시오.

당신은 하나님께서 당신이 다른 사람들이 불가능하다고 생각하는 것을 하기를 원하신다고 확신합니까?

그러면 삶의 목표가 "하나님을 위해 큰 일을 시도하고 하나님으로부터 큰 것을 기대하라"였던 윌리엄 케리(William Carey)의 말을 기억하십시오.

이 중요한 지침을 당신과 함께 나누면서 생각해 볼 것이 있습니다. 그것은 "목표를 가진 사람은 살아 있는 물고기와 같이 물을 거슬러 올라간다"는 말입니다.

만약 당신이 하나님 안에서 하나님을 향해 조용히 일하기 시작한다면,

하나님께서는 당신이 하나님을 믿는 만큼 문을 열어 주시기 시작한다는 것을 발견하게 될 것이다. 다른 사람들이 당신 옆에서 무모하게 돌진해 지나갈지도 모릅니다. 그러나 장기적으로 보면, 속도는 중요한 것이 아니고 정말 중요한 것은 방향입니다.

성공을 위한 열쇠는 희귀한 것이 아닙니다.

성공의 열쇠들은 잘못 사용하고 소홀히 해서 단지 녹슬었을 뿐입니다.

성공을 위한 첫 번째 열쇠는 하나님께서 당신이 일생동안 무엇을 성취하기를 원하시는지를발견하는 것이고, 믿고 일을 하는 사람에게는 불가능한 것은 없다는 사실을 인식하는 것입니다.

성공을 위한 두 번째 열쇠는 성경에 나타난 대로 그 목표에 도달하기 위해 당신 인생을 훈련시키는 것입니다.

사도 바울은 그의 노력에 의해서 크게 성공했을 뿐 아니라, 그의 일생동안 무엇을 하든간에 성공할 것이라는 결정이 나 있었다고 많은 사람들이 믿고 있습니다.

빌립보인들에게 한 그의 말은 의미 심장합니다.

"내가 하는 이 한가지 일"(빌립보서 3:13).

두 가지의 종류의 일도 아닌 단지 "내가 하는 이 한 가지 일"은 그의 목표를 성취하기 위한 그의 확고한 결심을 말해 주고 있습니다. 똑같이 중요하게 생각하고 바울은 그의 인생을 훈련시켰습니다.

케이스 푼스톤(G. Keith Funston)이 뉴욕 증권거래소의 총재였을 때, 그가 받은 가장 중요한 충고는 언제가 그에게 "무언가 해야 한다는 사실을 알 때, 그것을 행하라!"고 말한 어머니로부터의 충고라고 말했다. 오래 견디지 못하거나, 자신의 생활을 훈련 시킬 수 없는 사람에게는 성공이라는 것은 거의 불가능하게 여겨집니다. 그들은 일을 시작하기를 어려워 할 뿐 아니라, 쉽게 실망하고 이일 저일을 합니다.

바울은 고린도인들에게 그리스도인의 생활을 그리이스 운동선수들의 경주에 비유하면서 훈련의 필요성을 강조했습니다.

그는 "내가 내 몸을 쳐 복종하게 함은 내가 남에게 전파한 후에 자기가 도리어 버림이 될까 두려워함이로라"(고린도전서 9:27)라고 썼습니다.

당신이 무언가 해야 한다고 느낄 때 하십시오. 그리고 그것이 아무리 오래 걸릴지라도 계속하십시오.

성공을 향해 노력하는 데 있어서 다른 중요한 지침은, 실패로부터 무언가를 배우는 능력입니다.

나는 당신이 실패했을 때, 만약 들으려고만 한다면 "들어라, 네가 옆길로 벗어났으므로 이 일로 인해 내 뜻 가운데로 돌아오도록 하기 위함이었느니라"하시는 하나님의 음성을 들을 수 있다고 굳게 믿고 있습니다.

구약의 이스라엘 왕 사울은 좋은 예입니다. 큰 체구와 개성을 지닌 그에게 모든 것이 처음에는 호의적이었습니다. 그가 왕위에 올랐을 때, 그는 시작은 잘했지만 곧 실패하기 시작했습니다.

그는 하나님의 가르침을 무시하고 그 자신의 규칙을 만들기 시작했습니다. 그로 인해서 그는 하나님의 꾸지람을 들었습니다.

그러나 그는 이 실패후에 더욱 복종하지 않게 되었고 그 결과로 그의 아들이 왕위를 계승하는 것이 허락되지 않았습니다. 그가 죽기 얼마 전에 큰 기회를 가졌던 그는 다음과 같은 말을 했습니다.

"내가 어리석은 일을 하였으니 대단히 잘못 되었도다"(사무엘상 26:21).

성공하는 사람은 실패로부터 배웁니다. 누군가가 말하기를 "성공하는 사람은 잘못을 거듭하면서 성공의 사다리를 올라갑니다"라고 했습니다.

실패와 패배는 하나님의 새로운 가르침을 발견할 수 있는 기회를 제공해 줍니다.

실제로 기회라는 것은 불행이나 일시적인 패배라는 형태로 가장해 뒷문으로 슬그머니 기어올지도 모르며 바로 그러한 이유 때문에 많은 사람들이 결코 그 기회를 알지 못하게 됩니다.

빛나는 백열등을 발명한 토마스 에디슨(Tomas Edison)은 실패에 직면해서도 포기하지 않았던 좋은 예입니다.

백열등을 만들기 위해 만번 이상의 실험을 했을 때 그의 친구들이 말했습니다.

"에디슨, 왜 포기하지 않는가? 그건 도저히 이루어질 수 없어."

그는 대답했습니다.

"나는 이루어질 수 없는 일 만가지 방법을 알았네. 그러나 이제 가능한 방법을 찾을걸세."

그리고 그는 기어이 해냈습니다.

실패가 문을 두드릴 때, 하나님께 새로운 가르침과 목적을 달라고 요청하십시오. 그리고나서 무엇으로라도 중단시킬 수 없는 마음 속으로부터의 확고한 결심을 가지고 하나님의 뜻을 계속해서 행하도록 하십시오.

주님 안에서 어떤 경우에는 성공하기 바랍니다.

대입 합격을 위한
수험생 무릎 기도문

자녀의 대입 합격을 위한
부모의 무릎 기도문

고딩, 화이팅!

지은이 | 편지부
발행인 | 김용호
발행처 | 나침반출판사

3쇄 인쇄 | 2020년 9월 1일

등　록 | 1980년 3월 18일 / 제 2-32호
주　소 | 07547 서울특별시 강서구 양천로 583
　　　　 블루나인 비즈니스센터 B동 1607호
전　화 | 본사 (02) 2279-6321 / 영업부 (031) 932-3205
팩　스 | 본사 (02) 2275-6003 / 영업부 (031) 932-3207
홈　피 | www.nabook.net
이 메 일 | nabook365@hanmail.net
일러스트 제공 | 게티이미지뱅크/iStock

ISBN　978-89-318-1401-9
책번호　아-1010

값은 뒷표지에 있습니다.